Klaus Bartels   Sokrates im Supermarkt

Klaus Bartels

Sokrates
im Supermarkt

Neue Streiflichter
aus der Antike

Verlag Neue Zürcher Zeitung

Copyright © 1986 Verlag Neue Zürcher Zeitung, Zürich
Separatdruck aus der Neuen Zürcher Zeitung
Alle Rechte vorbehalten
Druck: Grafische Betriebe NZZ Fretz AG, Zürich
Einband: Buchbinderei Burkhardt AG, Mönchaltorf
Printed in Switzerland
ISBN 3 85823 144 4

Inhaltsübersicht

Zu dieser Sammlung	9
Sokrates im Supermarkt	11
Konsumzwänge, Modezwänge	11
Platonisch essen	12
Ein klassischer Alternativer	15
Eine andere Arroganz	19
«Wetten, dass...?»	20
Alter Käse	23
Manche mögen's kalt	26
Wein- und Wasserpanschereien	29
Gold *à discrétion*	31
Ein Fünfzig-Talente-Missverständnis	34
Imaginäre Tauschmärkte	36
Gold und Strick	39
Freundschaftlicher Kommunismus	41
Der *Philophilos*	44
Ein «zweites Ich»	47
Wie viele Freunde?	50
Gegenwart der Freunde	53
Der erste Freund	56
Am Tisch mit Sklaven und Zöllnern	58
Trauer um Sklaven?	62
Ein Staat nach Mass	64
Lob des Mittelstandes	67
Für eine Politik der Mitte	70

Ein Mädchen im Auge	73
«O wär ich der Himmel...»	75
Liebesglut unter der Asche	78
«Weissarmige» Schönheit	80
Geschichte einer Enkelin	83
Kunst, die sich verbirgt	86
Make-up, Maske, Maskerade	89
«... wo mich der Schuh drückt»	90
Ein Collier von Söhnen	93
Eine römische Muttertags-Story	95
Storchenliebe	97
Frauen-Demo vor dem Senat	100
Pflugscharen statt Schwerter	103
Interview mit Janus	106
«Mühsal eroberte alles...»	110
Wie der Schlaf erschaffen wurde	114
Mit Stentors Stimme	117
Wen wir lieben	120
Ghostwriter und Psychotherapeut	125
Eine Kunst des Vergessens	128
Sibyllinische Verkaufspsychologie	129
«Ich kann aufhören, wenn ihr wollt»	131
Begegnungen höherer Art	134
Schule ohne *scholé?*	138
Aus der Schule geplaudert	141
«Non vitae, sed scholae discimus»	143
Unter der Kathedersonne	146
Klassische Erlebnisferien	148

Zahlen wie Sand am Meer	152
Ein Brunnenproblem mit Tradition	155
«Walkman» auf dem Mond	158
Kleine Mond-Mythologie	160
SDI auf griechisch	164
«Nomen est omen»	167
«Gesundheit!»	170
«Nulla dies sine linea»	173
«Si tacuisses . . .»	176
Ärzte und Chefärzte	179
Vor einer Ampel zu bedenken	182
Das «E» in «EDV»	185
Raketen aus der Spinnstube	188
Schwänze, Pinsel, Schimmelpilze	191
«Alt werde ich . . .»	194
«Unter dichtem Reblaub trinkend»	197
Theophrasts 31. Charakter: «Die Philologie»	200
Stellennachweise	203

Meiner Frau Annette

Zu dieser Sammlung

«Streiflichter aus der Antike»: Seit nunmehr vierzehn Jahren erscheinen unter dieser Rubrik im Wochenend-Magazin der «Neuen Zürcher Zeitung» in loser Folge sozusagen «Vermischte Meldungen» aus Politik und Gesellschaft, Literatur und Kunst, Wirtschaft und Kulturbetrieb, Wissenschaft und Technik und *last not least* aus dem alltäglichen Leben der griechischen und der römischen Zeit.

Die erfreulich gute Aufnahme einer ersten Buchausgabe solcher «Streiflichter aus der Antike», die im Jahre 1981 erschienen und inzwischen wieder vergriffen ist, hat den Verlag wie den Autor zur Herausgabe dieser zweiten Sammlung ermutigt, die nun unter dem Titel des ersten Stückes «Sokrates im Supermarkt» siebzig «Streiflichter» aus den Jahren 1981 bis 1986 versammelt.

Wie jener erste Band kann und will auch dieser zweite nichts anderes sein als jede einzelne der darin vereinigten Kolumnen: ein eher andeutender als ausführender Hinweis auf das uns bald so verwandt und bald auch wieder so fremd erscheinende Leben und Denken der Antike, auf ihre vielfältigen Gegenwartsbezüge, ja ihre verborgene Allgegenwärtigkeit.

Variatio delectat: Auch zwischen diesen zwei Buchdeckeln verleugnen die siebzig zu lockeren Gruppen gefügten Texte nicht ihren ursprünglichen Standort in einem buntgemischten Wochenend-Magazin. Sokrates und der «klassische Alternative» Diogenes eröffnen das Farbenspektrum dieses Streiflichterspiels; in der Folge stehen Gaumengenüsse und Kosmetikkünste neben Freundschaft und Liebschaft, Rhetorik und Psychologie neben Literatenszene und Philosophenschule, Astronomisches und Mathematisches neben Anekdoten und geflügelten

Worten. Eine Gruppe für sich bilden die Wortgeschichten um drei Ecken von Ärzten, Ampeln und Raketen, der EDV und dem Penicillin; «Theophrasts 31. Charakter» ist das augenzwinkernde Schlusslicht.

Der Redaktion der «Neuen Zürcher Zeitung» und besonders Frau Margret Mellert sei auch hier wieder Dank gesagt für das so grosszügig eingeräumte Gastrecht, das diese «Streiflichter aus der Antike» seit nahezu anderthalb Jahrzehnten in den Spalten des Blattes geniessen – sowenig dies scheinen mag bei einer Zeitung, die mit ihrer eigenen Geschichte bereits ein Zwölftel der Distanz zwischen den neuen Supermärkten und dem alten Sokrates überbrückt. Nicht geringerer Dank gebührt dem Leiter des Buchverlages der «Neuen Zürcher Zeitung», Herrn Walter Köpfli, für die Veranstaltung nun auch dieser zweiten Buchausgabe.

Den modernen Leser, dem zwar nicht die Lust, wohl aber die Zeit zum Lesen fehlt, möchte dieses Buch *mutatis mutandis* mit eben den Versen einladen, mit denen Martials 10. Epigrammbuch vor zwei Jahrtausenden seine antiken Leser ermuntert hat:

«Si nimius videor seraque coronide longus
 esse liber, legito pauca: libellus ero.
Terque quaterque mihi finitur carmine parvo
 pagina; fac tibi me quam cupis ipse brevem.»

«Schein' ich, dies Buch, dir zu lang, zu fern das tröstliche Schlusslicht,
 lies nur weniges erst: Gleich wird zum Büchlein das Buch.
Drei- oder viermal endet ein Streiflicht auf selbiger Seite;
 mach' mich für dich nur selbst, wie du es möchtest, so kurz.»

Kilchberg am Zürichsee, im August 1986   K. B.

Sokrates im Supermarkt

«Wenn Sokrates über den Markt ging, sagte er immer wieder, auf die Überfülle der zum Verkauf angebotenen Waren hinblickend, im stillen zu sich: „Wie viele Dinge gibt es doch, die ich nicht brauche!"» *bei Diogenes Laërtios*

Konsumzwänge, Modezwänge

«Wie entbehrlich viele Dinge unseres täglichen Gebrauchs sind, das erkennen wir oft erst an dem Tag, an dem wir sie zum erstenmal haben entbehren müssen. Denn wir hatten uns daran gewöhnt, sie zu gebrauchen, nicht weil wir ihrer tatsächlich bedürften, sondern lediglich, weil wir sie besassen. Wie viele Dinge aber schaffen wir uns erst noch an, weil andere sie sich vor uns angeschafft haben, weil sie bei den meisten bereits herumstehen! Unter den Ursachen unseres Unglücks ist eine auch die, dass wir nach den Beispielen der anderen leben: dass wir uns nicht von unserer Vernunft bestärken, sondern von allerlei Moden verführen lassen.

Dieselbe Torheit, die wir, wenn nur einige wenige sich mit ihr hervortäten, niemals nachahmen wollten, findet doch, sobald einmal die Mehrheit sie übernommen hat, unsere Nachfolge – als ob etwas dadurch nachahmenswerter würde, weil es häufiger vorexerziert wird! Ja zur Richtschnur wird uns am Ende die Verirrung, wenn sie nur erst allgemein geworden ist.» *Seneca*

Platonisch essen

«Als Sokrates an einem Tag bis in den Abend hinein unablässig durch die Stadt ging, sprach ihn einer an und fragte ihn, warum er nicht zum Essen gehe. Da soll Sokrates geantwortet haben, er kaufe sich gerade, um nachher desto besser zu speisen, mit dem Gang durch die Stadt noch den Hunger ein.» Der in Ciceros «Tuskulanischen Gesprächen» zitierte Ausspruch zeigt Sokrates auch in seinen Essgelüsten als einen Alternativen: seine Zeitgenossen mochten es eher mit dem Schlemmer und Schwelger Philoxenos halten, der sich einen Schlund so lang wie der des Kranichs und gar noch länger wünschte, um jeden Bissen und jeden Schluck desto länger auskosten zu können.

Zumal im folgenden 4. Jahrhundert v. Chr. eroberte die in Sizilien heimische neumodische «Magenwissenschaft», die «Gastrologie» oder «Gastronomie» (das Wort kommt im Altgriechischen nur ein einziges Mal vor, mit Bezug auf das Schlemmerbrevier des Archestratos von Gela), bald auch die attische Metropole – bei Kopais-Aal und anderen Delikatessen tröstete man sich über den bitteren Verlust der Macht und am Ende auch der Freiheit. Aus den erhaltenen Fragmenten der damals gespielten «Mittleren» attischen Komödie mit ihren Ess- und Trinkgelagen vernimmt Jacob Burckhardt «den Effekt des beständigen Schmatzens, als wäre Athen nichts als eine Garküche», und nicht allein auf der Komödienbühne macht sich die zeitgenössische Athener Gastro-Szene derart vernehmlich.

Inmitten dieses allgemeinen Wohllebens scheint die Tafel der Platonischen Akademie vor den Mauern der Stadt Sokratische Mässigkeit bewahrt zu haben. In einem Proömium seiner «Tischgespräche» überliefert uns

Plutarch als ältester Zeuge die folgende Anekdote, in der Platon den erfolgreichen Feldherrn Timotheos auf dem Felde der Gastronomie zu schlagen sucht: «Den Timotheos, den Sohn des Konon, holte Platon einmal weg von den üppigen Festessen, die er als Stratege gewohnt war, und bewirtete ihn mit einem Essen in der Akademie auf musische und einfache Art, ‹mit nicht erhitzender Kost›, wie Ion von Chios sagt, nach der man ungestört schläft und nur kurze Träume hat, da der Körper sich in einem heiteren, gelösten Zustand befindet. Als Timotheos dann am nächsten Tag den Unterschied spürte, sagte er, wer an Platons Tafel zu Gast gewesen sei, fühle sich auch am folgenden Tag noch wohl.» Ein späterer Zeuge fügt dem mit Berufung auf eine Anekdotensammlung des 2. Jahrhunderts v. Chr. freilich noch eine zweite, ironische Version hinzu: «Hegesandros von Delphi erzählt dagegen in seinen ‹Erinnerungen›, Timotheos habe am nächsten Tag, als er Platon wieder begegnete, gesagt: ‹Ihr speist vorzüglich in der Akademie, Platon – doch mehr für den folgenden als für den gegenwärtigen Tag!›»

Die Tafel der Platonischen Akademie ist ihrem schlichten Stil auch über den Tod des Schulgründers hinaus treu geblieben. Unter den exemplarischen Bekundungen philosophischer Unabhängigkeit von Macht und Geld erzählt Cicero in seinen «Tuskulanischen Gesprächen» neben der berühmten Begegnung Alexanders des Grossen mit Diogenes dem «Hund» («Geh mir aus der Sonne!») die weniger schlagende, doch nicht minder feine Anekdote, wie Xenokrates von Chalkedon, der dritte Leiter der Akademie, sich eines plumpen Bestechungsversuches des gleichen grossen Herrn erwehrte:

«Als Abgesandte Alexanders dem Xenokrates fünfzig Talente antrugen, was in jenen Zeiten und zumal in Athen eine unerhörte Summe war, führte er sie zum

Essen in die Akademie und setzte ihnen dort gerade so viel vor, wie genügend war, ohne jeden besonderen Aufwand. Als die Abgesandten ihn am folgenden Tag fragten, wem sie die ihm überbrachte Geldsumme nun auszahlen sollten, erwiderte Xenokrates: ,,Wie? Habt ihr denn gestern bei der bescheidenen Mahlzeit nicht begriffen, dass ich kein Geld brauche?" Immerhin nahm er schliesslich, als er seine Besucher ganz enttäuscht sah, einen Betrag von dreissig Minen an, um den Anschein zu vermeiden, als schätze er die Grosszügigkeit des Königs gering.»

Ein klassischer Alternativer

Den «Hund», auf griechisch *kýon,* nannten ihn die Zeitgenossen des 4. Jahrhunderts v. Chr. mit offener Verachtung und heimlicher Bewunderung, und einen marmornen Hund setzten sie ihm, nun schon fast verehrend, auf sein Grab vor den Toren von Korinth. Nicht so sehr seine leicht erregbare, verletzende, ja vernichtende Bissigkeit hatte ihm diesen Schimpfnamen eingebracht, den er, nicht leicht zu beleidigen, kurzerhand zu seinem Ehrentitel machte und so seinen Nachahmern, den «Hündischen», den *kynikoí,* vererbte, als vielmehr die herausfordernde Schamlosigkeit, mit der er, wie sein Biograph und Namensvetter Diogenes Laërtios es fein ausdrückt, «alles in der Öffentlichkeit tat, sowohl die Werke der Korngöttin Demeter als auch die der Liebesgöttin Aphrodite». Nach seinem Schimpfnamen nennen wir einen Menschenverächter bis heute einen «Zyniker».

Die Rede ist von Diogenes von Sinope, dem klassischen öffentlichen Ärgernis der Antike. Von Sinope? Mit seiner Heimatstadt Sinope an der Südküste des Schwarzen Meeres hatte Diogenes spätestens seit seiner Verbannung nichts mehr im Sinn. Als einer ihn hämisch oder arglos nach seinem Bürgerrecht fragt, knurrt er nur das Wort *«Kosmopolítes* – Weltbürger!» zurück, und der Vorhaltung: «Die Sinopeer haben deine Verbannung beschlossen!» setzt er, die Perspektive umkehrend, die stolze Erwiderung entgegen: «Und ich deren Verbleiben!» Vor den Toren von Korinth, im Villenvorort Kraneion, hat Diogenes im 4. Jahrhundert v. Chr. in seiner tönernen Tonne gehaust. «Wäre ich nicht Alexander – ich wollte, ich wäre Diogenes», lässt die Legende Alexander den Grossen nach der berühmten Begegnung des Mächtigen und des Weisen sagen. Aber auch auf geringere Zeitgenossen muss das demonstrative, ja provokative Leben des «Hundes» ebenso anziehend wie abstossend gewirkt haben. Als in Athen einmal ein halbstarker Gegendemonstrant dem Philosophen sein alternatives Wohnfass zerschlug, gaben die Athener Bürger dem bösen Buben eine Tracht Prügel – und dem Philosophen eine neue Tonne.

In der Existenz des heimatlosen Bettlers, die er mit den streunenden Hunden teilte, hat Diogenes die Freiheit gefunden, die er einmal als den schönsten Besitz für den Menschen gerühmt hat: die Freiheit, «alles aussprechen zu können». Diogenes Laërtios bezeugt in seiner Biographie, wie schrankenlos und hündisch unverschämt dieser bissige «Hund» und Bürgerschreck seine Bettlerfreiheit genutzt und auch genossen hat:

«Als Diogenes wieder einmal bettelte, sagte er mit dem alten Spruch: „Wenn du früher schon anderen gegeben hast, so gib jetzt auch mir!" und setzte hinzu: „Wenn du noch nie irgendeinem gegeben hast, so fang bei mir an!"»

«Diogenes bettelte einen stadtbekannten Schwerenöter an, ihm etwas zu geben. „Vielleicht", erwiderte der Mann ausweichend, „wenn du mich dazu überreden kannst." – „Wenn ich dich zu irgend etwas überreden könnte", sagte Diogenes darauf, „würde ich dich dazu überreden, dich aufzuhängen."»

«Diogenes bettelte einmal einen Geizhals an. Als der längere Zeit zögerte, ihm etwas zu geben, herrschte er ihn an: „Mensch, ich brauche das Geld jetzt, mich satt zu essen, nicht erst, mich begraben zu lassen!"»

«Als Diogenes einmal mitten auf dem Marktplatz sein Essen verzehrte, riefen die Umstehenden ihm fortwährend zu: „Du Hund!" – „Ihr selbst", rief er zurück,

,,seid die Hunde, wie ihr mich da beim Essen umlagert!"»

«Auf die Frage, warum er der ,,Hund" genannt werde, erklärte Diogenes: ,,Weil ich die Menschen, die mir etwas geben, anwedle, die Menschen, die mir nichts geben, anbelle, die Menschen, die nichts taugen, beisse."»

«Bei einem Essen warfen einige der Geladenen ihm ihre abgenagten Knochen vor, wie einem Hund. Ohne einen Augenblick zu zögern, sprang Diogenes von seinem Platz auf und pisste sie an, ganz wie ein Hund.»

«Einem reichen Schlemmer, der für viel Geld Delikatessen einkaufte, rief Diogenes, den berühmten Homer-Vers parodierend, zu: *,,Okýmoros dé moi, tékos, ésseai, hoî' – agorázeis!* – Bald, mein Sohn, verblühet das Leben dir, so wie du – einkaufst!"»

«Als der Apotheker Lysias ihn fragte, ob er glaube, dass es Götter gebe, antwortete Diogenes: ,,Wie sollte ich denn nicht glauben, dass es Götter gibt, da ich doch sogar glaube, dass du ihnen verhasst bist?"»

«Als ein übelbeleumdeter Eunuch über seiner Haustür die Inschrift anbringen liess: ,,Nichts Schlechtes soll hier Eingang finden", fragte Diogenes: ,,Und der Hausherr? Wie kommt der hinein?"»

«Diogenes kam von den Olympischen Spielen zurück. Als einer ihn fragte, ob eine grosse Menschenmenge dagewesen sei, antwortete er: ,,Eine grosse Menge, aber wenige Menschen."»

«Diogenes zündete am hellichten Tag eine Lampe an. ,,Ich suche", sagte er, ,,einen Menschen."»

«Einmal rief Diogenes laut: ,,He, Menschen!" Als sie

dann zusammenliefen, schlug er mit dem Stock drein und sagte: „Menschen habe ich gerufen, keinen Auswurf!"»

«Einen reichen Mann ohne Bildung nannte Diogenes einmal ein Schaf im goldenen Vlies.»

«Als Diogenes in die Hände von Piraten gefallen war und auf dem Sklavenmarkt verkauft werden sollte, wurde er gefragt, was er gelernt habe. Er erwiderte: „Über Männer zu herrschen", und forderte den Ausrufer auf: „Ruf aus, ob einer sich einen Herrn kaufen will!"»

«Nach der Schlacht bei Chaironeia wurde Diogenes gefangengenommen und dem Sieger Philipp vorgeführt. Auf die Frage des Königs, wer er sei, antwortete er: „Ein Ausspäher deiner Unersättlichkeit" – worauf Philipp ihn verwundert entliess.»

«Als Alexander einmal zu Diogenes trat und sagte: „Ich bin Alexander, der Grosskönig", erwiderte er: „Und ich bin Diogenes, der Hund."»

«Als Diogenes sich einmal im Kraneion sonnte, trat Alexander zu ihm und sagte: „Fordere von mir, was du willst." Und er: „Geh mir aus der Sonne."»

«Einer mahnte Diogenes: „Viele lachen dich aus." – „Aber ich", sagte er, „lache mich nicht aus."»

Eine andere Arroganz

«Als ein wohlhabender Bürger den Diogenes durch seine teure Luxusvilla führte und ihm verwehren wollte auszuspucken, wie dieser Anstalten dazu machte, spuckte Diogenes ihm schliesslich ins Gesicht und erklärte, einen gemeineren Ort dazu habe er in dem ganzen Haus nicht finden können.»

In den unzähligen mehr oder weniger deftigen, mehr oder weniger bekannten Diogenes-Anekdoten, die den demonstrativ schamlosen, provokativ unverschämten «Hund» der luxusgewohnten, «beständig schmatzenden» Gesellschaft jenes 4. Jahrhunderts v. Chr. gegenüberstellen, bleibt der so unversehens bildlich oder eben auch unbildlich Angerotzte durchweg die Antwort schuldig; es hat ihm buchstäblich die Sprache verschlagen. Ein einziges Mal nur scheint da einer – die Überlieferung nennt den vornehmen Platon – dem kläffenden «Hund» *pari* zu bieten. Die heutzutage selten zitierte, doch keineswegs unaktuelle Anekdote findet sich wie die übrigen in der Diogenes-Biographie des Diogenes Laërtios; der Göttinger Physiker Georg Christoph Lichtenberg hat sie vor zweihundert Jahren noch (oder schon?) der Aufnahme in seine «Bemerkungen» gewürdigt. Auch hier geht es zunächst um Accessoires:

«Einmal trampelte Diogenes auf den prächtigen Teppichen in Platons Haus herum, als dieser Freunde von Dionysios her bei sich zu Gast hatte, und rief dazu aus: „Ich trete Platons Arroganz mit Füssen!" Darauf erwiderte Platon: „Aber nur mit einer anderen Arroganz."»

Gegen Ende seiner Betrachtungen «An sich selbst» notiert der Philosophenkaiser Marc Aurel: «Die Arroganz, die ihre Anmassung aus dem Widerspruch zur Arroganz schöpft, ist von allen die schlimmste.»

«Wetten, dass...?»

Für die respektable, selbst unter seinesgleichen erkleckliche Summe von runden fünfzigtausend Sesterz pflegte der schon zu Lebzeiten für seinen Tafelluxus berühmte Lucullus in dem prunkvollsten seiner Speiseräume, dem sogenannten Apollonzimmer, zu speisen, wo er hohe und höchste Gäste vom Range eines Cicero oder Pompeius mit «lukullischen» Kostbarkeiten traktierte. Die horrende Summe ist eben gerade gross genug, noch einen Massstab abzugeben für das folgende Streiflicht aus dem Leben der «unnachahmlichen Lebenskünstler» Antonius und Kleopatra, das der ältere Plinius bei der Behandlung der Perlmuschel in seine «Naturgeschichte» einblendet; darin geht es nun nicht mehr um lumpige fünfzigtausend Sesterz, sondern um ein Zehn-Millionen-Ding:

«Zwei unvergleichliche Perlen sind allezeit die grössten Solitäre geblieben, seit man überhaupt Perlen kennen und schätzen gelernt hat; beide waren im Besitz der Kleopatra, der letzten Königin von Ägypten, Erbstücke, die durch die Hände von Königen des Orients gegangen und schliesslich ihr zugefallen waren. Während Antonius sich damals tagtäglich mit erlesenen Delikatessen förmlich mästete, zog diese Frau einmal in stolzer und zugleich frecher Verachtung, als die Königin und Dirne, die sie in einer Person war, seine ganze Grossmannssucht und Verschwendung ins Kleinliche herab, und als er darauf erstaunt fragte, womit sein grossartiges Leben denn noch überboten werden könne, versetzte Kleopatra, sie werde nächstens für ein einziges Essen zehn Millionen Sesterz aufwenden.

Antonius war höchst begierig zu erfahren, auf welche Weise sie das bewerkstelligen werde; er glaubte indessen nicht, dass ein solcher Aufwand überhaupt veranstaltet werden könne. Also kam es zwischen den beiden zu einer Wette. Am folgenden Tag, an dem die Wette zur Entscheidung gebracht werden sollte, liess Kleopatra ein Essen auftragen, das nach anderen Massstäben grossartig – der Tag sollte ja nicht verlorengehen –, nach denen dieser beiden jedoch alltäglich war, und Antonius begann schon, seinen Spott an Kleopatra auszulassen, und forderte sie auf, ihre Millionenrechnung aufzumachen. Aber Kleopatra hielt an ihrer Ankündigung fest: alles bis dahin Aufgetragene sei doch lediglich ein *Hors d'œuvre* gewesen und das Essen werde die veranschlagte Summe gewiss noch aufbrauchen, denn sie allein werde für die besagten zehn Millionen Sesterz speisen; und gleich darauf liess sie den nächsten Gang auftragen. Ihrer Weisung entsprechend stellten die Diener nur ein einziges Gefäss vor Kleopatra auf, eine Schale voll Essig, dessen Schärfe und Stärke hinreicht, Perlen zu zersetzen und aufzulösen.

An ihren beiden Ohren trug die Königin als ihren kostbarsten Schmuck jene unvergleichlichen und wahrhaft einzigartigen Werke der Natur. Während Antonius noch gespannt darauf wartete, was Kleopatra nun wohl unternehmen werde, um die Wette am Ende doch noch zu gewinnen, zog sie die eine der beiden Perlen von ihrem Ohr ab, liess sie in den Essig gleiten und schlürfte sie, als sie zerschmolzen war, hinunter. Erschreckt legte Lucius Plancus, der zu der Wette als Schiedsrichter bestellt war, sogleich die Hand auf die andere Perle, während Kleopatra sich schon anschickte, auch diese auf die gleiche Weise zu verzehren, und erklärte Antonius vor allen Anwesenden für «besiegt» – mit einem ominösen Wort, das sich später erfüllen sollte.

Ein illustres Schicksal begleitete in der Folge auch das Gegenstück des auf solche Weise verschwendeten Solitärs. Nachdem die Königin, in dieser Wette gegen Antonius noch siegreich, dann im Krieg gegen Octavianus unterlegen war, wurde der andere Solitär mittendurch geschnitten – nun prangt die gerettete Hälfte des Mahles jener beiden in Rom an den beiden Ohren der Venusstatue im Pantheon.»

Alter Käse

In der stillen, feinen Schlussszene des bis dahin von Waffenlärm erfüllten 11. Gesanges der «Ilias» bringt der jugendkräftige alte Nestor den durch einen Pfeilschuss leicht verwundeten Arzt Machaon auf seinem Wagen aus der Schlacht – «denn ein ärztlicher Mann wiegt viele andere auf» – und setzt ihm in seinem Zelt einen erfrischenden, stärkenden «Mischtrank» vor, den die Dienerin Hekamede in dem prächtigen Pokal des alten Pyliers zubereitet:

«Die stellte vor ihnen zuerst einen Tisch hin, einen schönen,
mit blaulasierten Füssen, einen gutgeglätteten, und auf ihm
eine eherne Schüssel und darauf Zwiebeln, die Zukost zum Trank,
und gelben Honig, und dazu Mehl von heiliger Gerste,
und dazu den überaus schönen Becher, den von Hause mitgebracht der Alte,
mit goldenen Nägeln beschlagen, und Ohren hatte er vier, und zwei Tauben pickten auf beiden Seiten
eines jeden, goldene, und zwei Standbeine waren darunter.
Jeder andere bewegte ihn mit Mühe vom Tisch,
wenn er voll war, Nestor aber, der Alte, hob ihn ohne Mühe.
Darin bereitete ihnen eine Mischung die Frau, Göttinnen ähnlich,
von pramnëischem Wein, und rieb Ziegenkäse darüber
auf einer Reibe von Erz und streute darauf weisse Gerste
und hiess sie trinken, nachdem sie zubereitet hatte den Mischtrank.»

In dieser kräftigen, heilsamen Mischung aus dem berüchtigt herben «pramnëischen Wein», darübergeriebenem Ziegenkäse und daraufgestreutem Gerstenschrot ein griechisches Ur- und Vorbild des schweizerischen Käsefondues zu erblicken – hat etwa Odysseus auf seiner Irrfahrt das Rezept in den Westen gebracht? –, hiesse gewiss die Liebe zu den Griechen wie die Liebe zum Fondue zu weit treiben; doch immerhin: in einem Gefäss, wie es ehrwürdiger kaum zu denken wäre, und in inniger Verschmelzung mit dem Wein tritt der Käse in diesem *Fondue Nestorienne* in unsere Literatur und Geschichte ein.

Etwas näher kommen wir dem Schweizer Käse ein knappes Jahrtausend später, um die Mitte des 1. Jahrhunderts n. Chr., bei Plinius dem Älteren, der in seiner inhaltsreichen «Naturgeschichte» zwar nicht speziell der schweizerischen Milch- und Käsewirtschaft, aber doch allgemein den Alpenkühen und dem Alpenkäse hohes, ja höchstes Lob spendet: «Keineswegs als minderwertig einzuschätzen sind auch Rinderrassen von weniger rühmenswertem Aussehen. So haben die Alpenkühe bei einer ausgesprochen kleinen Körpergestalt doch eine überaus grosse Milchleistung und zugleich, am Kopf und nicht am Nacken angeschirrt, auch eine überaus grosse Arbeitsleistung.»

Unter den vielen Käsesorten, die damals aus den Provinzen in die Hauptstadt eingeführt wurden, nennt Plinius an erster Stelle eine Sorte aus «der» Provinz, der Provence, doch gleich darauf folgen zwei alpine Sorten, deren zweite aus den «Ceutronischen» Alpen, dem Val d'Isère, stammt und so neben jener provenzalischen Sorte bereits in dieser frühen Zeit den Weltruhm des französischen Käses begründet: «Unter allen aus den Provinzen eingeführten Käsesorten geniesst in Rom, wo die Erzeugnisse aller Länder unmittelbar miteinander im

Wettbewerb stehen, diejenige aus der Gegend von Nîmes die höchste Wertschätzung... Mit zwei verschiedenen Sorten empfehlen auch die Alpenprovinzen ihre Weideplätze: die Dalmatischen Alpen schicken ihren Dokleatischen Käse, die Ceutronischen Alpen ihren Vatusischen Käse.»

Kein Wunder, dass der an den höchst verwöhnten Tafeln der Hauptstadt so geschätzte «Dokleatische» und «Vatusische» Alpenkäse schliesslich auf die verwöhnteste, die kaiserliche Tafel gelangte. Einmal hat er dort auch Geschichte gemacht. Als Kaiser Antoninus Pius, der als der weniger berühmte Nachfolger Hadrians und Vorgänger Marc Aurels von 138 bis 161 n. Chr. regierte, «dem Alpenkäse an der Abendtafel einmal mit allzu grosser Begierde zugesprochen hatte», wurde er in der folgenden Nacht von Unwohlsein, am anderen Tag von Fieber ergriffen; zwei Tage später ist er gestorben, in seinem siebzigsten Lebensjahr. So berichtet sein Biograph Julius Capitolinus in der *«Historia Augusta»*, und des weiteren, dass der Senat den Verstorbenen zum Gott erklärte und ihn durch einen Opferpriester, einen Tempel, Zirkusspiele und eine Bruderschaft ehrte. Dieser Antoninus Pius sei, schliesst der Biograph, der einzige Kaiser gewesen, der ohne Not weder Bürger- noch Feindesblut vergossen habe; und er ist gewiss auch der einzige geblieben, den ein simples Stück Käse, freilich ein Stück Alpenkäse, zum Gott befördert hat.

Manche mögen's kalt

«Immer noch nicht zufriedengestellt mit unserer verfeinerten Weinkultur, die uns lehrt, die verschiedenen Weinsorten nach Trauben und Lagen gesondert abzufüllen und die älteren Jahrgänge nach Geschmack und Alter geordnet einzulagern, haben wir jetzt herausgefunden, wie wir den Schnee so fest zusammenstampfen können, dass er am Ende über den Sommer siegt und sich gegen die Hitze der Jahreszeit durch die Kälte des Ortes behauptet. Was haben wir mit all dieser Mühe und Sorge gewonnen? Doch jedenfalls das eine: dass wir das Wasser, das wir vorher gratis schöpfen konnten, jetzt für Geld kaufen können... Nichts kann unsere Genusssucht befriedigen, das nicht teuer ist...

Die Salbölhersteller und -händler haben die alten Lakedämonier einstmals aus Stadt und Land ausgewiesen, ja sie genötigt, in kürzester Frist ihr Gebiet zu verlassen, da sie das gute Olivenöl übel missbrauchten. Was hätten diese alten Lakedämonier wohl getan, wenn sie Werkstätten für die Konservierung von Schnee gesehen hätten und so viele Gespanne im Dienst für den Transport dieses „Wassers", dessen Farbe und Geschmack eben das Stroh, mit dem man es beschützt, beschmutzt?

Ihr guten Götter, wie leicht ist es dagegen, einen gesunden Durst zu löschen! Doch was können diese von glühendheissen Speisen abgetöteten und abgestumpften Kehlen unserer Geniesser überhaupt noch empfinden? Geradeso, wie ihnen nichts kalt genug ist, so ist ihnen auch nichts heiss genug, sondern in dampfendem Sud gekochte und nur rasch in die Sauce getauchte Pilze schlingen sie hinunter, während diese fast noch rauchen, um sie sogleich mit schneegekühltem Wein zu löschen. Bald wirst du sehen können – ich sage es dir voraus –, wie da manche sorgsam in wärmende Tücher gehüllte, blässliche, kränkliche Jünglinge ihren Schnee nicht mehr nur schlürfen, sondern geradezu essen und gar Stücke davon in ihren Becher werfen, damit dieser nicht etwa noch in der kurzen Zeit des Trinkens warm werde. Nennst du das noch Durst? Ein Fieber ist es, und ein gefährliches...»

Als der grosse Kulturkritiker Seneca in den frühen sechziger Jahren des 1. Jahrhunderts n. Chr. mit so bitterem Hohn und Spott von seinen «Naturwissenschaftlichen Untersuchungen» abschweift, um an der Schneewasser schlürfenden *Jeunesse dorée* der Neronischen Fress- und Saufgesellschaft, diesen ach so *coolen* Typen, auch selbst sein Mütchen zu kühlen, muss der hochsommerliche Schnee in den exklusiven Kreisen zumindest der Hauptstadt bereits so gewöhnlich gewesen sein wie in den gewöhnlichen exklusiv. Die in den Wintermonaten, soweit Schnee fiel, zumal in den Bergen um Rom eingebrachte und in tiefen Gruben unter dichten Strohlagen für die Sommermonate konservierte kalte Ware hatte ihr weitverzweigtes Händlernetz bis zu den Strassenverkäufern hinab und, wie Seneca mit besonderer Empörung vermerkt, ihren «wechselnden Marktpreis», den die Reicheren mit dem gleichen Interesse notierten wie die Ärmeren den Getreidepreis. Durchaus nicht scharfzüngig, vielmehr geniesserisch spricht der sonst so scharfzüngige Martial wenige Jahrzehnte später mehrfach von schneegekühltem Falerner- und Setinerwein; und unter den Saturnaliengeschenken, die er mit leichtfüssigen Zweizeilern begleitet, finden sich ein geflochtenes «Schneesieb» und ein leinener «Schneesack», in denen der Wein beim Durchseihen zugleich gekühlt und verdünnt wurde.

Natürlich hatte auch diese Exklusivität noch ihre Extravaganzen, und natürlich zeigte sich auch hier Nero als der Extravaganteste. Wie sein Biograph Sueton überliefert, pflegte sich der Kaiser während seiner berüchtigten «von Mittag bis Mitternacht» ausgedehnten Gelage in einem Bad zu erfrischen, das im Sommer mit Schnee gekühlt wurde; und nach dem zeitgenössischen Zeugnis des älteren Plinius hat Nero auch das vielzitierte «abgekochte» Schneewasser «erfunden», mit dem man «die Annehmlichkeit der Kälte ohne die Verunreinigungen des Schnees» erlangte; dazu wurde gewöhnliches Wasser abgekocht und dann in einem Glasgefäss im Schnee abgekühlt.

Die lange bunte Reihe unserer modernen Frucht- und Rahmglacen freilich hat die Antike noch nicht gekannt; so herrlich weit haben wir's erst ganz zuletzt gebracht. Welche Register seiner Rhetorik hätte wohl der alte Seneca gezogen, wenn er etwa die *gelati* bei «*El Greco*» unterhalb der Villa des Lucullus gesehen hätte, was hätten wohl die noch viel älteren Lakedämonier angesichts dieses eklatanten Missbrauchs von diversen guten Früchten, Schokolade, Champagner, Englischer Suppe usw. getan? Selbst dem aufgeklärten 18. Jahrhundert war das neumodische Eis- und Zuckerzeug noch nicht ganz geheuer, wie («kein Geringerer als») Goethe uns in «Dichtung und Wahrheit» anrührend bezeugt:

«Bei dieser Gelegenheit muss ich, um von der Unschuld jener Zeiten einen Begriff zu geben, anführen, dass die Mutter uns eines Tages höchlich betrübte, indem sie das Gefrorene, das man uns von der Tafel (des in Goethes Elternhause einquartierten Grafen Thoranc) sendete, weggoss, weil es ihr unmöglich vorkam, dass der Magen ein wahrhaftes Eis, wenn es auch noch so durchzuckert sei, vertragen könne.»

Wein- und Wasserpanschereien

Den puren Wein mit Wasser zu vermischen war in der Antike allgemeine Trinksitte; dazu dienten «Mischkrüge», sogenannte *kratéres,* die mit ihrer weiten, runden Öffnung schon früh den vulkanischen «Kratern» den Namen gegeben haben. Den reinen Wein *(vinum merum)* zu verwässern war damals also noch keine Panscherei; allerdings kam es dabei auf das Mischungsverhältnis an, das je nach der Weinsorte und der Menschenart wechselte. Eine pompejanische Inschrift, deren Versfüsse freilich auch schon nicht mehr ganz gerade gehen können, verwünscht einen geschäftstüchtigen Schankwirt, der seinen *kratér* den Spinnen überlassen hat:

«*Talia te fallant utinam me(n)dacia, copo:*
  tu ve(n)des acuam et bibes ipse merum.»
«Dass doch, Schankwirt, dein übler Betrug dir übel bekomme:
  du verkaufst das Wasser und trinkst selbst den Wein pur.»

Ein paar Jahre später – unser pompejanischer Wasserverkäufer ist schon längst unter der heissen Asche aus dem grossen Krater begraben – schiebt Martial in zwei ironischen Epigrammen die Schuld am verwässerten Weinausschank der verregneten Weinlese zu; manchen Winzern und manchen Wirten regnet es sozusagen dauernd in die Kelter und in die Fässer:

«*Continuis vexata madet vindemia nimbis:*
  non potes, ut cupias, vendere, copo, merum.»
«Ständiger Regen verfolgt und durchnässt dir die Weinlese, Schankwirt:
  wolltest du's auch, du kannst rein nicht verkaufen den Wein.»

«Vindemiarum non ubique proventus
cessavit, Ovidi: pluvia profuit grandis.
Centum Coranus amphoras aquae fecit.»
«Nicht überall ging der Ertrag der Weinlese
zurück, Ovid: der reiche Regen tut Wunder.
Coranus bracht's auf hundert Fässer voll Wasser!»

Vollends kopfzustehen aber scheint die Wirtschaft, als zur gleichen Zeit in Ravenna, damals noch Lagunenstadt und Flottenstützpunkt, eine anhaltende Trockenheit den ohnehin hohen Wasserpreis einmal sogar über den Weinpreis steigen liess. Statt den Wein mit Wasser, panschte man nun das Wasser mit Wein – ein Schlaraffenland für die dort stationierten Marinesoldaten! Martial hat die paradoxen Perspektiven dieser verkehrten Welt in zwei Epigrammen anvisiert:

«Sit cisterna mihi quam vinea malo Ravennae,
 cum possem multo vendere pluris aquam.»
«Für einen Brunnen gäb ich einen Weinberg jetzt in Ravenna:
 könnt ich doch Wasser dort viel teurer verkaufen als Wein!»

«Callidus imposuit nuper mihi copo Ravennae: cum peterem
 mixtum, vendidit ille merum.»
«Ganz raffiniert hat mich neulich ein Wirt in Ravenna betrogen:
 statt vermischt, wie bestellt, brachte den Wein er mir pur.»

Gold à discrétion

Der Goldrausch mag einen packen, wenn wir bei dem griechischen Historiker Herodot von den Weihgeschenken lesen, die der Lyderkönig Kroisos, während er sich zum Krieg gegen den Perserkönig Kyros rüstete, im Tempel des Delphischen Apollon aufstellte:

«Darauf versuchte Kroisos, den Gott in Delphi mit grossangelegten Opferfeiern für sich einzunehmen. So opferte er dreitausend Stück Vieh, Opfertiere jeglicher Art, und türmte einen grossen Scheiterhaufen auf und verbrannte darauf gold- und silberbeschlagene Liegen, goldene Schalen und purpurne Mäntel und Kleider, alles in der Erwartung, den Gott dadurch eher für sich zu gewinnen, und allen Lydern gebot er, auch selbst zu opfern, jeder Einzelne entsprechend seinem Vermögen. Als er aber diese Opferfeiern hinter sich hatte, liess er eine unermessliche Menge Gold einschmelzen und Halbziegel daraus treiben, im Mass von sechs Handbreiten auf der längeren, drei Handbreiten auf der kürzeren Seite und einer Handbreite in der Höhe, an Zahl einhundertundsiebzehn, und davon vier aus geläutertem Gold, jeden zweieinhalb Talente schwer, die übrigen aus weissem Gold, jeden im Gewicht von zwei Talenten. Dazu liess er noch das Standbild eines Löwen fertigen, aus geläutertem Gold, im Gewicht von zehn Talenten. Dieser Löwe fiel später, als der Tempel in Delphi niederbrannte, von den Halbziegeln herunter – auf diesen war er nämlich aufgestellt – und steht jetzt im Schatzhaus der Korinther, noch sechseinhalb Talente schwer, denn dreieinhalb Talente von ihm sind damals weggeschmolzen. Als diese Arbeiten ausgeführt waren, sandte Kroisos die Halbziegel und den Löwen nach Delphi ab und mit ihnen die folgenden weiteren Weihgeschenke...»

Aber halten wir uns nicht mit Nebensachen auf, als da sind goldene und silberne Mischkessel, knapp zehn Talente schwer, sechshundert Amphoren fassend, goldene und silberne Weihwasserbecken, silberne Schalen und eine goldene Frauenstatue, der Halsschmuck und der Gürtel der Königin und dergleichen mehr. Ihr Gold- und Silberglanz verblasst neben dem Hauptgeschenk: der aus den einhundertundsiebzehn goldenen «Halbziegeln» oder eher Riesenbarren aufgeschichteten Basis im Gewicht von gegen zweihundertundvierzig Talenten oder über sechs Tonnen und dem darauf stehenden goldenen Löwen im Gewicht von zehn Talenten oder über zweihundertundsechzig Kilogramm. Nicht zuletzt diese wahrhaft königlichen Weihgeschenke an den delphischen Apollon sind es wohl gewesen, die den legendären Ruhm des lydischen Reichtums in der griechischen Welt begründet und den Lyderkönig Kroisos zum Muster des Glücklichen oder doch des Beglückten und mit seinem lateinischen Namen «Krösus» zum Namenspatron aller Superreichen gemacht haben.

Von einem spektakulären Goldraub in den königlichen Schatzkammern des Kroisos in der lydischen Hauptstadt Sardes hören wir nichts, wohl aber von einem denkwürdigen Streifzug durch dieses lydische Fort Knox, bei dem sich der athenische Adlige Alkmeon unter den Augen des Lyderkönigs mit Gold *à discrétion* bedienen durfte. Der griechische Historiker Herodot ist unser Gewährsmann auch für diese reizvolle Episode:

«Die Alkmeoniden waren zwar immer schon, und seit alters, ein glanzvolles Geschlecht gewesen in Athen, von Alkmeon an aber wurden sie erst vollends glanzvoll. Zunächst einmal hatte Alkmeon, der Sohn des Megakles, sich die Sache der Lyder, die im Auftrag des Kroisos aus Sardes zum Orakel in Delphi gekommen waren, zu eigen gemacht und sich ihrer bereitwillig angenommen. Als Kroisos dann von den Lydern, die zu den Orakelstätten gingen, vernahm, welche guten Dienste Alkmeon ihm geleistet habe, lud er ihn nach Sardes ein und schenkte ihm, als er dort hinkam, so viel Gold, wie er auf seinem eigenen Leib auf einmal mit sich forttragen könne. Alkmeon traf hierauf zu dem Geschenk, das ihm dergestalt gemacht war, die folgenden Zurüstungen: er legte sich ein weitgeschnittenes Gewand an und liess beim Gürtel den Bausch des Gewandes in einer tiefen Falte hinabhängen, und dazu zog er die weitesten Stulpenstiefel an, die er finden konnte; so angetan, ging er in die Schatzkammer hinein, in die man ihn hinabführte. Als er da drinnen auf einen Haufen von Goldstaub stiess, stopfte er sich zunächst so viel von dem Gold an seinen Waden hinunter, wie die Stiefel fassen konnten. Nachdem er sich darauf noch den ganzen Bausch des Gewandes mit Gold angefüllt, das Kopfhaar mit Goldstaub bestreut und sich zuletzt noch weiteres Gold in den Mund gesteckt hatte, kam er so beladen aus der Schatzkammer wieder zum Vorschein: die Stiefel mit Mühe hinter sich her schleppend und allem anderen eher gleichend als einem Menschen. Als Kroisos ihn in diesem Aufzug erblickte, kam ihn das Lachen an, und er liess ihn all das Gold mitnehmen, das er auf sich trug, und schenkte ihm noch mehr dazu, nicht weniger als das erste. So kam dieses Geschlecht der Alkmeoniden zu seinem grossen Reichtum, und so dieser Alkmeon zu seiner Rennpferdezucht und seinen olympischen Siegen.»

Ein Fünfzig-Talente-Missverständnis

Im Jahre 75 v. Chr., unterwegs zu einem Studienaufenthalt bei dem rhodischen Rhetor Apollonios Molon, fiel Gaius Julius Caesar, damals 25jährig, bei dem Inselchen Pharmakussa südwestlich von Milet in die Hände einer kilikischen Seeräuberbande. Plutarch hat diese für die Piratenplage jener Zeit wie für Caesar selbst kennzeichnende Episode anderthalb bis zwei Jahrhunderte später zum effektvollen Auftakt seiner Caesarbiographie gemacht – wohl nicht ohne die eine oder andere Ausschmückung.

«Auf der Weiterfahrt», berichtet Plutarch, «wurde Caesar in der Nähe der Insel Pharmakussa von Piraten überfallen und entführt, die damals schon mit regelrechten Flotten und unzähligen Schiffen das Meer beherrschten. Gleich zu Anfang, als die Seeräuber ein Lösegeld von zwanzig Talenten von ihm forderten, lachte er sie nur aus: sie wüssten wohl nicht, wen sie da gefangen hätten, und erbot sich von sich aus, ihnen fünfzig Talente zu zahlen. Darauf entsandte er seine mitgefangenen Reisegefährten zur Beschaffung des Lösegeldes in die umliegenden Städte, jeden in eine andere, und blieb selbst mit nur einem einzigen Freund und zwei Dienern in der Gewalt dieser kilikischen Halsabschneider zurück. Mit solcher Verachtung behandelte er die Seeräuber, dass er ihnen jedesmal, wenn er schlafen wollte, durch einen seiner Diener Ruhe gebieten liess. Achtunddreissig Tage verbrachte er so unter ihnen, nicht so sehr wie wenn er ihr Gefangener, sondern vielmehr als ob sie seine Leibwache wären.

Ohne alle Furcht forderte er sie zu Wettspielen und Wettkämpfen heraus, schrieb zum Zeitvertreib Gedichte und Reden und machte sie zu seinen Zuhörern, und wenn sie ihm nicht die gehörige Bewunderung zollten, beschimpfte er sie geradeheraus als Barbaren ohne Bildung und Kultur. Zwischenhinein drohte er ihnen oft unter Lachen an, er werde sie noch einmal allesamt ans Kreuz hängen lassen, und die fanden das erst recht lustig und schrieben seine respektlosen Sprüche einer unbekümmerten, leichtfertigen Wesensart zu.

Als schliesslich aus Milet nach und nach das Lösegeld eingetroffen und die Summe von fünfzig Talenten vollständig übergeben war, bemannte Caesar, kaum freigelassen, unverzüglich eine Anzahl Schiffe und führte vom Hafen von Milet aus eine Strafexpedition gegen die Seeräuber durch. Tatsächlich überraschte er die Piraten noch in der Nähe der Insel Pharmakussa, wo sie bereits wieder einem nächsten Opfer auflauerten, und brachte die meisten von ihnen in seine Gewalt. Die erpressten Gelder und geraubten Schätze erklärte Caesar zu seiner Kriegsbeute; die gefangengenommenen Piraten selbst brachte er nach Pergamon in sicheren Gewahrsam. Darauf nahm er persönlich die Reise zu dem damaligen Statthalter der Provinz Asia, einem Mann namens Iuncus, auf sich, da dieser als Prätor für die Aburteilung der gefangenen Piraten zuständig war. Wie der nun aber sogleich begehrliche Blicke auf die Beutegelder warf – es handelte sich ja keineswegs um geringe Summen – und auch noch erklärte, über die Gefangenen werde er zu gelegener Zeit in Ruhe befinden, scherte sich Caesar nicht weiter um ihn und kehrte sofort nach Pergamon zurück; dort liess er die Seeräuber aus dem Gefängnis holen und allesamt ans Kreuz schlagen, gerade so, wie er es ihnen seinerzeit auf der Insel Pharmakussa, vermeintlich im Scherz, oft genug vorhergesagt hatte.»

Imaginäre Tauschmärkte

In den «Doppelzüngigen Reden», einer anonym überlieferten Schrift aus dem späten 5. Jahrhundert v. Chr., die jedes Pro mit einem Contra kontert, finden wir die sophistische These von der Relativität des Guten und Schlechten einmal in das einprägsame Bild eines weltweiten Tauschmarktes für Güter und Übel aller Art gefasst:

«Ich glaube, wenn einer alle Menschen auf der Welt aufforderte, jegliches Schlechte – was ein jeder dafür hält – auf einem Platz zusammenzutragen, und weiter, aus dem da aufgehäuften Schlechten jegliches Gute – was einem jeden dafür gilt – wieder mit sich fortzutragen, so würde am Ende nicht ein einziges Schlechtes oder Gutes auf dem Platz zurückbleiben, sondern alle würden alles wieder unter sich verteilen. Denn die Menschen halten nicht alle das gleiche für schlecht oder gut.»

Schon in der Mitte des 5. Jahrhunderts hatte Herodot das grabschänderische, gotteslästerliche Treiben des Perserkönigs Kambyses in Ägypten zum Anlass genommen, eben diese These und eben dieses Bild zu zitieren, nur dass es dem Historiker und Ethnologen nicht so sehr um die Beliebigkeit als vielmehr um die Verbindlichkeit der jeweils anerkannten Sitten und Bräuche geht:

«Aus alledem ist nun für mich ganz offenkundig, dass Kambyses von schwerem Wahnsinn befallen war; denn sonst hätte er sich nicht derart an heiligen Gebräuchen und Gesetzen vergriffen, um mit ihnen seinen Spott zu treiben. Denn wenn einer alle Menschen vor die Wahl stellte und sie aufforderte, aus den Gesetzen aller Völker für sich die schönsten auszulesen, würde doch jedermann, nachdem er sie eines nach dem anderen geprüft hätte, die Gesetze seines eigenen Volkes auswählen; so fest ist jedermann davon überzeugt, dass die Gebräuche und Gesetze seines eigenen Volkes bei weitem die schönsten seien. Es ist nun ganz unvorstellbar, dass ein anderer als ein Wahnsinniger solche Dinge zum Gespött machen könnte.

Dass alle Menschen derart festgelegt sind auf die Gesetze ihres Volkes, lässt sich an zahlreichen Zeugnissen ablesen, und besonders eindrücklich an dem folgenden: Als Dareios noch über das Perserreich herrschte, rief er einmal die an seinem Hof weilenden Griechen zu sich und fragte sie, um welchen Preis sie bereit wären, ihre Väter, wenn sie gestorben seien, zu verspeisen; und sie sagten, um keinen Preis in der Welt würden sie das über sich bringen. Darauf rief Dareios eine Gesandtschaft der Inder herein, vom Stamm der sogenannten Kallatier, die ihre Eltern zu verzehren pflegen, und fragte sie in Gegenwart der Griechen, die durch einen Dolmetscher erfuhren, was gesprochen wurde, um welchen Preis sie bereit wären, ihre verstorbenen Väter auf einem Scheiterhaufen zu verbrennen. Die aber schrieen laut auf und beschworen ihn, von solchem Frevel zu schweigen. So fest stehen also diese Gebräuche und Gesetze in Geltung, und Pindar scheint mir in seinem Lied das Richtige zu treffen, wenn er sagt, das Gesetz sei über alle Menschen König.»

Herodot ist es dann auch, der uns an einer späteren Stelle seines Werkes die mutmassliche Quelle jenes imaginären Tauschmarktes überliefert. Die Sophistenweisheit des 5. Jahrhunderts v. Chr. dürfte zurückgehen auf eine alterslose, namenlose Volksweisheit, die in späteren Zitaten bald dem weisen Athener Solon, bald seinem weisen Landsmann Sokrates in den Mund gelegt wird; Herodot zitiert sie, sozusagen *ad lectores,* in seinem eigenen Namen:

«Soviel aber weiss ich gewiss: wenn alle Menschen alle

ihre Übel, jeder seine eigenen, auf einem Platz zusammentrügen, willens, mit ihren Nachbarn zu tauschen, so würden sie wohl, hätten sie nur erst hineingeschaut in die Übel ihrer Nächsten, allesamt einer wie der andere eben die Übel wieder mit sich heimtragen, die sie hingetragen hatten.»

Gold und Strick

Ein armer Schlucker, der nichts mehr zu beissen noch zu schlucken hat, verschafft sich einen Strick und geht hin, sich aufzuhängen. Wie er eben die Schlinge zu knüpfen beginnt, findet er unter dem Baum einen Goldschatz, wirft in neuer Lebensfreude seinen Strick fort und macht sich mit dem Glücksfund davon. Am Tage darauf kehrt der reiche Geizhals, der das Gold dort vergraben hatte, nochmals zurück, um sich an seinem Schatz zu freuen. Wie er alsbald den Raub entdeckt, findet er zugleich den Strick; in seiner Verzweiflung knüpft er die Schlinge fertig und hängt sich an eben diesem Baum auf.

Eine alte Fabel von erschreckender, unheimlicher Strenge. Der Schatzfund und Goldraub für sich allein wäre noch nichts Besonderes; aber hier wechselt nicht nur das Gold, sondern auch ein Strick den Besitzer. Zwei Glücks- oder auch Unglücksstände werden kurzerhand ausgetauscht: ein Lebensmüder findet einen Goldschatz und wird des Lebens wieder froh; ein Goldesfroher verliert seine Schätze und wird des Lebens müde. Verbunden sind diese Glücksumschwünge durch den Baum, an dem sich die Lebenswege des Armen und des Reichen kreuzen, und durch den Strick, den der eine dem anderen anstelle des Goldes zurücklässt. Verbunden freilich nur für den Hörer der Fabel: die beiden Akteure selbst wissen nichts von dieser wahrhaften «Verstrikkung», die den einen das Leben des andern leben und diesen den Tod des ersten sterben lässt.

In der Symmetrie und Konsequenz ihrer Bezüge forderte diese alte Fabel geradezu dazu heraus, sie in die strenge Form des Epigramms und gar in die knappste des Distichons zu bannen. Zwei kunstvolle griechische

Zweizeiler sind uns bei Diogenes Laërtios und in der «*Anthologia Palatina*» überliefert, der erste sogar, wohl kaum zu Recht, unter dem Namen des «grossen Platon». In beiden Distichen bilden die entgegengesetzten Glücks- und Unglückszeichen, Gold und Strick, auch das erste und das letzte Wort des ganzen Epigramms; die Nachahmung dieser und der übrigen Artistik muss freilich Andeutung bleiben:

«Gold fand ein Mann und liess liegen den Strick. Der Besitzer des Goldes
  fand nicht, was er hinterlegt; den er fand, knüpft' er, den Strick.»

Vollends zum Rätsel, das sich erst mit dem allerletzten Wort auflöst, gerät die Fabel in dem zweiten Epigramm der «*Anthologia Palatina*»:

«Gold fand ein Mann, und ein andrer verlor's. Der's fand von den beiden,
  warf ihn fort; der's verlor, knüpfte den elenden Strick.»

Freundschaftlicher Kommunismus

«Koiná ta ton phílon.»
«Communia amicorum omnia.»
«Freundesgut Gemeingut.»

Im 4. Jahrhundert v. Chr. zitieren die Philosophen Platon und Aristoteles den schönen Spruch, der allen Freundesbesitz zum Gemeinbesitz erklärt, als ein «altehrwürdiges Wort», und Platon hat ihn zum bedeutsamen Schlusswort seines «Phaidros» gemacht. Über die Komödiendichter Menander und Terenz ist er dann ins Lateinische gelangt, und noch in der Spätantike begegnet er uns bei Symmachus wie bei Ambrosius. Viele Jahrhunderte lang hat die Antike ihm hohe Reverenz erwiesen, bis er am Ende – war weiss, warum? – in Vergessenheit geriet; in Büchmanns «Geflügelten Worten» sucht man nicht nur das griechische Original, sondern auch die Terenzische Version vergebens.

Zumal Platon hat das Wort zusammen mit der Freundschaft selbst aus dem Persönlichen ins Politische erhoben. In seinem «Staat» schreibt er, noch ohne den alten Spruch zu zitieren:

«Kennen wir nun ein grösseres Übel für einen Staat als dasjenige, was ihn auseinanderreisst und viele Staaten anstatt des einen aus ihm macht? Oder ein grösseres Gut als dasjenige, was ihn zusammenschliesst und ihn zu einem einzigen macht? – Nein, keines. – Und schliesst nicht die Gemeinschaft von Freude und Schmerz den Staat zusammen, wenn möglichst alle Bürger über die gleichen Dinge, ihr Entstehen und ihr Vergehen, in gleicher Weise Freude und Schmerz empfinden? – Vollkommen. – Die Vereinzelung solcher Empfindungen dagegen löst den Staat auf, wenn sich die einen tiefbetrübt, die anderen hocherfreut zeigen über die gleichen

Veränderungen, die den Staat und alle seine Teile betreffen. – Natürlich. – Und hat dieses Missverhältnis seinen Ursprung nicht darin, dass diese zwei Worte im Staat nicht im gleichen Sinne ausgesprochen werden: das „Mein" und das „Nicht-Mein", und geradeso das „Fremd"? – Allerdings. – So hat denn der Staat, in dem die gleichen Bürger diese Worte, das „Mein" und das „Nicht-Mein", auf die gleichen Dinge beziehen und im gleichen Sinne aussprechen, die beste Verfassung? – Weitaus die beste.»

Später, in seinen «Gesetzen», macht Platon jenes «Freundesgut Gemeingut» geradezu zum Grundgesetz eines vollkommenen Staates, den «Götter und Göttersöhne» glücklich bewohnen, wir Menschen uns allenfalls zum Muster nehmen könnten:

«An erster Stelle steht der Staat und die Verfassung, und die Gesetze sind die besten, wo jenes altehrwürdige Wort im ganzen Staat die stärkste Geltung hat: das Wort, dass Freundesgut im höchsten Sinn Gemeingut ist.» Das bedeute, dass in einem solchen utopischen Staat – Platon nimmt hier die berüchtigten Forderungen seines früheren Werkes wieder auf – die Bürger «die Frauen gemeinsam, die Kinder gemeinsam, alle Güter gemeinsam» hätten, dass überhaupt «mit allen Mitteln das sogenannte Eigentum aus allen Bereichen aus dem Leben ganz und gar ausgetilgt» werde, dass «soweit angängig selbst das von Natur Eigene irgendwie Gemeingut» würde, derart, dass «die Augen, die Ohren und die Hände gemeinsam zu sehen, zu hören und zu handeln» schienen, dass schliesslich alle Bürger «über die gleichen Dinge Lob und Tadel» äusserten, da sie ja auch «über die gleichen Dinge Freude und Schmerz» empfänden – kurz, dass dieser beste Staat, soweit möglich, ganz zu einem «einzigen» werde.

Uns Heutige mag schaudern vor diesem Platonischen

«Kommunismus», der schon Aristoteles zu der scharfen Zurückweisung herausforderte, ein Staat, der immer mehr zur Einheit werde, sei am Ende gar kein Staat mehr, da das Wesen des Staates in der Vielfalt – modern: in der «Pluralität» – liege. Um so leichter werden wir uns mit Plutarch befreunden, der ein halbes Jahrtausend später in seiner kleinen «Ehefibel» das Politische wieder ins Persönliche gewendet hat:

«Platon sagt, vollkommen glücklich sei erst der Staat, in dem man am wenigsten von ,,Mein" und ,,Dein" reden höre, da die Bürger alles, was ernsthaft Wertschätzung verdiene, soweit möglich, gemeinsam besässen. Viel strenger noch muss man dieses ,,Mein" und ,,Dein" aus der Ehe verbannen. Wie die Ärzte lehren, dass Verletzungen der linken Körperseite einen Schmerz auch auf der rechten Seite auslösen, so ist es schön, wenn die Frau bei allem, was den Mann betrifft, mit ihm Freude und Leid empfindet und so auch der Mann bei allem, was der Frau begegnet; wie Seile durch ihre Verflechtung wechselseitig einander verstärken, so wird die Gemeinschaft, wenn der eine im Wechsel die Zuneigung des anderen erwidert, durch beider Zusammenhalt gefestigt. Auch die Natur verknüpft die Ehepartner ja durch die körperliche Vereinigung: indem sie von beiden je einen Teil nimmt und diese miteinander vermischt, erzeugt sie die Kinder, die derart beiden Eltern gemeinsam zugehören, dass keiner der beiden an ihnen noch das Eigene oder das Fremde abgrenzen oder abteilen könnte. Eine solche Gemeinsamkeit auch alles übrigen Besitzes kommt gerade den Ehepartnern zu, dass sie alles zu einem einzigen Besitz vereinigen und vermischen und nicht den einen Teil als den eigenen, den anderen als den fremden, sondern das Ganze als das Eigene und nichts als Fremdes ansehen sollen.»

Der «Philophilos»

Einen *philóphilos,* einen «Freundesfreund», nennt Aristoteles einmal und ein andermal nach dem Muster des Sokratischen *philólogos* oder *philósophos* den Menschen, der sein Glück in der Freundschaft mit Gleichgesinnten sucht und findet. Die spielerisch-reizvolle Wortschöpfung ist dann bald wieder in Vergessenheit geraten – war sie allzu spielerisch für den bedeutenden Gehalt, den sie fasste? In der *philía,* der «Freundschaft», sah der universale Denker, auch hierin wegweisend für die spätere Antike, ein naturgegebenes Lebensprinzip, dessen mächtige Wirkung sich von der Brutpflege der Vögel und anderer niederer Gattungen bis hinauf zur Staatenbildung des Menschen erstreckt und so das gesamte tierische und menschliche, private und öffentliche Leben durchdringt. In der Einleitung zum 8. Buch seiner «Nikomachischen Ethik» umreisst Aristoteles den weitgespannten Horizont dieser «Freundschaft», die derart, für den Menschen so unbedingt lebensnotwendig wie «schön», anfänglich Vater und Sohn, dann Freund und Freund, Bürger und Bürger, Mitbürger und Fremde, ja schliesslich die gesamte Menschheit vereint – man ahnt, wie tief dieses so leichthin klingende *philóphilos* im eigentlich Menschlichen, wie Aristoteles und die Griechen es verstanden, verwurzelt ist:

«Nachdem von der Beherrschtheit und der Unbeherrschtheit, von der Lust und der Unlust gesprochen ist, wäre im Anschluss hieran wohl die Freundschaft im einzelnen zu behandeln. Denn in der Tat ist diese ja entweder selbst eine der Tugenden oder doch eng mit der Tugend verbunden, und zugleich ist sie im höchsten Grade notwendig zum Leben. Denn ohne Freunde zu leben möchte sich wohl kein Mensch wählen, selbst wenn er sonst alle übrigen Glücksgüter besässe. Denn gerade die Glücklichen, die Reichtümer, Staatsämter und Königswürden besitzen, scheinen der Freunde in besonderem Masse zu bedürfen. Denn was kann es einem nützen, selbst in einer solchen Fülle des Glückes zu leben, wenn es einem versagt bleibt, andere aus dieser Überfülle zu beschenken, wie es doch am natürlichsten und am rühmlichsten gegenüber Freunden geschieht? Oder wie könnten so grosse Glücksgüter auf die Dauer bewahrt und erhalten werden ohne den Beistand von Freunden? Denn je höher einer gestiegen ist, desto leichter kann er stürzen. In der Armut wiederum und in allem übrigen Unglück erkennt man in den Freunden die einzige Zuflucht.

Dem Jüngeren helfen Freundschaften dazu, Fehltritte und Irrwege zu vermeiden; dem Älteren bieten sie Fürsorge und Hilfe, wenn die körperlichen Kräfte nachlassen und die Entschlusskraft erlahmt; den auf der Höhe des Lebens stehenden Mann rufen sie zu hervorragenden Handlungen auf. ,,Zwei, die zusammen gehen...", heisst es bei Homer, denn vereint haben diese nicht nur im Erkennen, sondern auch im Handeln grössere Kraft als der Einzelne allein.

Von Natur scheint dem Erzeuger die Freundschaft zum Erzeugten, dem Erzeugten die Freundschaft zum Erzeuger mitgegeben, nicht nur bei den Menschen, sondern auch bei den Vögeln und den meisten übrigen Tieren, und so überhaupt den Stammverwandten untereinander, und dies in besonderem Masse den Menschen; daher rühmen wir auch diejenigen, die menschenfreundlich handeln. Gerade auch, wenn es einen in fremde Länder verschlagen hat, kann er leicht erkennen, wie nah zugehörig jeder Mensch jedem anderen ist und wie eng befreundet.

Auch die Staatsgemeinschaften scheint mehr als alles

andere die Freundschaft zusammenzuhalten, und die Gesetzgeber messen dieser offenkundig noch höhere Bedeutung bei als selbst der Gerechtigkeit. Denn die Eintracht der Bürger, die ja der Freundschaft vergleichbar ist, bemühen sie sich vor allem zu erhalten; die Zwietracht dagegen, die der Feindschaft entspricht, suchen sie vor allem zu vertreiben. Und wenn die Bürger untereinander Freunde sind, bedarf es keineswegs mehr der Gerechtigkeit; doch wenn sie lediglich gerecht sind, bedürfen sie darüber hinaus noch der Freundschaft; und ihren höchsten Grad scheint die Gerechtigkeit da zu erreichen, wo sie der Freundschaft nahe kommt.

Doch ist die Freundschaft nicht nur etwas Lebensnotwendiges für den Menschen, sondern auch etwas Schönes; denn wir rühmen ja den *philóphilos,* der sein Glück in der Freundschaft sucht, und ein grosser Freundeskreis wird als etwas vom Schönsten geschätzt. Ja man ist sogar der Meinung, ein und dasselbe seien ein vortrefflicher Mann und ein guter Freund.»

Ein «zweites Ich»

«Eine andere Streitfrage betrifft den Glücklichen: wird auch einer, der vollkommen glücklich ist, der Freunde bedürfen oder nicht? Einerseits erklärt man, wer vollkommen glückselig und damit sich selbst genug sei, habe Freunde durchaus nicht nötig; denn ihm, dem Glücklichen, ständen ja alle gewünschten Güter zu Gebote, und da er sich selbst genug sei, bedürfe er darüber hinaus keines anderen; der Freund dagegen, als ein „zweites Ich", ergänze, was einer aus eigener Kraft nicht vermöge – daher das Wort: „Wenn dich die Götter segnen, wozu noch ein Freund?" Andererseits scheint es abwegig, dem vollkommen Glücklichen alle übrigen Güter zuzuschreiben, ihm Freunde aber nicht zuzugestehen, die doch unter allen äusseren Gütern als das höchste gelten. Und wenn es einem Freund eher zukommt, Wohltaten zu erweisen, als solche zu erfahren, und überhaupt zum Hochgesinnten das Wohltun gehört, es aber schöner ist, Freunden wohlzutun als Fremden, so wird der Vortreffliche der Freunde bedürfen, dass sie Wohltaten von ihm erfahren.

Daher kommt ja die Frage, ob einer eher im Glück oder im Unglück Freunde nötig habe, da sowohl der Unglückliche Freunde brauche, die ihm Wohltaten erweisen können, als auch der Glückliche solche, denen er Wohltaten erweisen kann. Abwegig ist es doch wohl auch, den vollkommen Glücklichen derart auf sein eigenes Ich zu beschränken. Niemand würde ja für sich allein alle Reichtümer der Welt besitzen wollen; vielmehr ist der Mensch von Natur dazu bestimmt, Staaten zu bilden und in Gemeinschaft zu leben. Diese Bestimmung gilt auch für den Glücklichen, er hat ja teil an den naturgegebenen Gütern; und ohne Frage ist es darum wünschenswerter, das Leben im Kreis von Freunden und Vortrefflichen als unter Fremden und Beliebigen zu verbringen. Also bedarf auch der vollkommen Glückliche der Freunde.»

Mehr noch: der Glückliche, sich selbst Genügende bedarf der Freundschaft nicht nur wie der Unglückliche, der Hilfe Bedürftige – seine Freundschaft ist für Aristoteles, aus dessen «Nikomachischer Ethik» wir hier zitieren, die höchste überhaupt. Da erscheinen die Freunde einer dem anderen als ein wirkliches «zweites Ich»: als ein Seelenspiegel, in dem sich Daseinsfreude und Lebensgenuss der Freunde hin und wider spiegeln und verstärken, oder auch als ein prägendes Vorbild, von dem die Freunde wechselweise sich ein Abbild nehmen:

«Ist es nun, wie es für die Liebenden das Begehrenswerteste ist, einander vor Augen zu haben, und sie diese Wahrnehmung jeder anderen vorziehen, da in ihr vor allem die Liebe ihren Bestand und ihren Ursprung habe – ist es so auch für die Freunde das Wünschenswerteste, miteinander zu leben? Denn die Freundschaft ist ja eine Gemeinschaft, und so werden wir das gleiche Verhältnis, das wir zu uns selbst haben, auch zu unseren Freunden haben. In Hinsicht auf uns selbst nun ist uns die Empfindung unseres eigenen Daseins höchst willkommen, und so denn auch in Hinsicht auf unsere Freunde die Empfindung ihres Daseins. Vollends lebhaft aber wird diese Empfindung erst, wenn wir mit unseren Freunden in Gemeinschaft leben; und so ist es gar nicht anders zu erwarten, als dass wir unser Bestreben eben darauf richten. Und worin nun jeder Einzelne den Sinn des Daseins erkennt und um wessentwillen er das Leben bejaht, damit will er in Gemeinschaft mit seinen Freunden die Zeit verbringen. Daher kommt es, dass sich die einen miteinander beim Trinken, die anderen miteinander beim Würfeln vergnügen, wieder andere miteinander Sport treiben oder miteinander auf die Jagd gehen oder schliesslich sich miteinander der Philosophie widmen: mit den Dingen jeweils verbringen die Freunde miteinander ihre Tage, die ihnen von allen Dingen im Leben die liebsten sind. Denn in dem Bestreben, in Gemeinschaft mit ihren Freunden zu leben, wenden sie sich jeweils den Dingen zu und schliessen sich den Gruppen an, in denen sie solche Gemeinschaft zu finden hoffen.

So führt denn die Freundschaft unter niedriggesinnten Menschen zum Schlechten – denn diese suchen die Gemeinschaft im Niedrigen, da sie keinen inneren Halt haben, und werden dabei schlecht, indem sie sich aneinander angleichen –, die Freundschaft unter hochgesinnten dagegen zum Guten, und sie wächst noch ständig mit dem vertrauten Umgang. Wir sehen ja auch, wie solche Freunde sich stetig vervollkommnen, wenn sie miteinander im tätigen Leben stehen und wechselseitig ihre Mängel berichten; sie nehmen sozusagen einer vom anderen einen Abdruck ab und prägen sich selbst die Züge auf, die sie am anderen schätzen – daher das Dichterwort: „Gutes lernst du von Guten."»

Wie viele Freunde?

«Sollen wir uns nun bemühen, möglichst viele zu Freunden zu gewinnen, oder wird die treffliche Regel, die Hesiod für die Gastfreundschaft aufgestellt hat, dass einer weder allzu viele Gastfreunde noch gar keinen Gastfreund haben solle, geradeso auch für die Freundschaft gelten: dass wir weder gar keinen Freund noch übermässig viele Freunde haben sollen? Für die Freundschaften, die wir um des wechselseitigen Vorteils willen pflegen, scheint die Regel ganz gewiss zuzutreffen: denn einer grossen Zahl solcher Freunde jeweils Gegendienste erweisen zu müssen, wäre eine ständige Belastung, und unser Leben reichte gar nicht hin, diese Verpflichtungen zu erfüllen. Alle Freundschaften dieser Art, die über das für die eigenen Lebensbedürfnisse erforderte Mass hinausgehen, wären demnach nicht nur überflüssig, sondern sogar hinderlich für ein auf schöne Weise geführtes Leben; ihrer bedarf es also gewiss nicht. Auch solche Freundschaften, die wir lediglich zu unserer Unterhaltung pflegen, genügen wenige, wie bei einer Speise die Gewürze.

Wie aber steht es mit den ernsthaften Freundschaften? Sollen wir solche Freunde nun in möglichst grosser Zahl zu gewinnen suchen, oder gibt es ein bestimmtes Mass auch für die Grösse dieses Freundeskreises wie für die Grösse eines Staates? Denn ebensowenig könnten sich ja zehn Menschen zu einem Staat zusammenschliessen wie der Zusammenschluss von hunderttausend noch ein Staat wäre; die gesuchte Grösse aber ist ja wohl nicht irgendeine bestimmte, sondern jede innerhalb bestimmter Grenzen. So gibt es denn auch für die Grösse eines Freundeskreises eine bestimmte Grenze, und diese dürfte wohl die höchste Zahl der Freunde sein, mit denen einer noch in Gemeinschaft leben könnte; denn in der Lebensgemeinschaft hatten wir ja die höchste Erfüllung der Freundschaft erkannt. Dass es aber gar nicht möglich ist, mit vielen Freunden zugleich in Gemeinschaft zu leben und sich unter sie aufzuteilen, ist ganz offensichtlich. Ausserdem müssten ja auch diese Freunde wiederum alle untereinander befreundet sein, wenn sie das Leben in Gemeinschaft miteinander verbringen sollten; dieses dürfte bei einer grossen Zahl von Freunden aber nur sehr schwer zu erreichen sein. Schwierig wäre dann auch die Freundschaftspflicht zu erfüllen, an den Freuden wie an den Leiden aller dieser vielen Freunde so teilzunehmen, als wären es die eigenen, denn in der grossen Zahl würde es sich oft so treffen, dass wir zur gleichen Zeit mit dem einen Freund die Lust, mit dem anderen den Schmerz mitempfinden müssten.

So ist es doch wohl das Richtige, wenn wir nicht möglichst viele Freunde zu gewinnen suchen, sondern nur eben so viele, wie für ein Leben in der Gemeinschaft mit Freunden hinreichen. Von vornherein scheint es ja überhaupt nicht möglich, mit vielen zugleich in einem ernsthaften Sinne befreundet zu sein ...

Dies bestätigen offenkundig auch die Lebensverhältnisse selbst. Denn in einer solchen Freundschaft im Sinne der Lebensgemeinschaft sind ja immer nur wenige miteinander verbunden, und die hochgerühmten Freundschaften des Mythos bestehen gar nur zwischen Freundespaaren. Diejenigen, die allenthalben Freundschaft zu schliessen suchen und jedermann in vertrautem Tone begegnen, sind offenbar mit keinem einzigen wirklich befreundet, es sei denn im Sinne der Mitbürgerschaft; man nennt solche Leute auch gefallsüchtig. In diesem Sinne der Mitbürgerschaft kann einer allerdings mit vielen auf freundschaftlichem Fusse stehen, übrigens auch, wenn er keineswegs gefallsüchtig, sondern vollkommen anzuerkennen ist. Dagegen können wir solche Freundschaften, die auf den menschlichen Vorzügen und der persönlichen Eigenart des anderen beruhen, nicht gegenüber vielen zugleich pflegen, sondern wir müssen uns damit zufriedengeben, wenn wir so glücklich sind, auch nur wenige solche Freunde zu finden.» *Aristoteles*

Gegenwart der Freunde

«In welcher Lebenslage bedürfen wir der Freunde nun eher: wenn wir im Glück oder wenn wir im Unglück sind? In der einen wie der anderen Lage sind uns Freunde ja erwünscht: Denn nicht nur der Unglückliche ist angewiesen auf Freundesbeistand; auch der Glückliche wünscht sich Freunde, in deren Gemeinschaft er leben und denen er Wohltaten erweisen kann, denn in seinem Glück möchte er ja gute Dienste leisten. Eher im Sinne des Notwendigen bedürfen wir der Freunde doch wohl im Unglück – daher sehen wir uns dann auch nach Freunden um, die für uns nützlich sein können; eher im Sinne des Schönen dagegen bedürfen wir ihrer im Glück – daher suchen wir dann zumal solche Freunde an uns zu ziehen, die an sich wertvoll sind; denn lieber als mit jenen möchten wir mit diesen Freundesdienste austauschen und in Gemeinschaft leben.

Tatsächlich ist ja allein schon die blosse Gegenwart der Freunde in jeder Lebenslage erfreuend, im Glück wie im Unglück. Denn wer einen Schmerz empfindet, fühlt Erleichterung, wenn seine Freunde den Schmerz mitempfinden. Man könnte da die Frage aufwerfen, ob die Freunde gleichsam die Last mit ihm gemeinsam tragen und so erleichtern oder ob das zwar nicht sein kann, wohl aber die blosse Gegenwart der Freunde, erfreuend wie sie ist, und das Bewusstsein ihres Mitempfindens den Schmerz verringern. Ob die Erleichterung nun diesen oder einen anderen Grund hat, sei hier nicht weiter erörtert; dass sie eintritt, ist jedenfalls offenkundig.

Es hat jedoch den Anschein, dass die Gegenwart der Freunde in die Freude auch Schmerz mischen kann. Denn die Freunde um sich zu sehen ist zwar an sich erfreuend, zumal für den Unglücklichen, und wird zu einer Hilfe, den Schmerz zu überwinden; denn ein Freund hat etwas Tröstliches an sich schon durch seinen Anblick, aber auch durch seinen Zuspruch, wenn er das rechte Wort zu finden weiss – er kennt ja das Wesen des andern und weiss, was ihn erfreut und schmerzt. Doch eben diesen Freund Schmerz empfinden zu sehen über das Unglück, das einen selbst betroffen hat, ist wiederum schmerzlich; denn ein jeder möchte ja vermeiden, seinen Freunden irgendwie Grund zu einer schmerzlichen Empfindung zu geben. Darum nehmen sich mannhaft veranlagte Menschen wohl in acht davor, ihre Freunde in ihren Schmerz hineinzuziehen, und selbst wenn einer nicht über die Massen unerschütterlich ist gegenüber dem Leid, wird er doch seinen Freunden den sie treffenden Schmerz nicht zumuten und überhaupt schon deshalb keine Mitklagenden an sich heranlassen, weil er auch selbst nicht zum Klagen neigt. Jammerweiber und ebensolche Männer freilich freuen sich über die Mitklagenden und umarmen sie als Freunde und Mitempfindende. Aber natürlich gilt es hier wie überall, dem Beispiel der Besseren zu folgen.

Die Gegenwart der Freunde im Glück dagegen schliesst für uns sowohl die Freude ein, in Gemeinschaft mit ihnen zu leben, als auch das Bewusstsein, dass die Freunde sich mitfreuen an allem Guten, das wir geniessen. Danach sollten wir, so scheint es wohl, bereitwillig unsere Freunde einladen, unser Glück mitzugeniessen – denn das Gute mit anderen zu teilen ist schön; doch nur widerstrebend sie aufrufen, unser Glück mitzutragen – denn am Üblen sollen wir einander nur den geringsten Anteil geben; daher das Wort „Genug, dass ich im Unglück bin". Am ehesten noch soll einer die Freunde dann um ihren Beistand bitten, wenn er erwarten kann, dass sie ihm mit geringer Mühe grosse Dienste leisten können.

Umgekehrt fügt es sich dazu wohl, dass wir Freunde, die im Unglück sind, ungerufen und bereitwillig aufsuchen, denn zur Freundschaft gehören Freundesdienste, und zumal denen gegenüber, die ihrer dringend bedürfen und sie doch nicht einfordern; so ist es für beide Seiten schöner und erfreulicher. Freunde dagegen, die im Glück sind, werden wir zwar bereitwillig aufsuchen, um gemeinsam mit ihnen zu wirken – denn auch dazu bedarf es ja der Freunde; doch nur zögernd, um Wohltaten von ihnen zu empfangen – denn es ist nicht schön, sich allzu bereitwillig Freundesdienste erweisen zu lassen. Den Anschein mangelnder Freude jedoch gilt es bei solcher Zurückhaltung sorgsam zu vermeiden; denn manchmal stellt dieser sich ein.

So ist denn die Gegenwart der Freunde offenkundig in allen Lebenslagen erwünscht.» *Aristoteles*

Der erste Freund

Wenn der Freund, mit dem ursprünglich griechischen Sprichwort, ein «zweites Ich» ist, so ist umgekehrt das Ich, mit einem anderen ursprünglich griechischen Sprichwort, der erste Freund: «Ein jeder liebt sich selbst mehr als den Nächsten», heisst das in der Euripideischen «Medea» und «Mehr als sich selbst liebt keiner einen andern» in den Menandrischen Einzelversen. Vom schwierigen Umgang mit diesem vertrautesten Freund sprechen die folgenden Zitate:

«Zum Schluss noch ein Wort, das mir heute bei Hekaton Freude gemacht hat und das ich dir weitergeben möchte: ,,Du fragst", schreibt er, ,,welchen Fortschritt ich gemacht habe. Ich habe angefangen, mir ein Freund zu sein." Er hat einen grossen Fortschritt gemacht: er wird nie mehr allein sein. Dieser Freund, sei dir dessen stets bewusst, steht für alle bereit.» *Seneca*

«Von Epikur will ich noch ein oder zwei andere Worte in diesen Brief einschliessen. ,,Handle in allem so", sagte er einmal, ,,als ob Epikur dir zusähe." Kein Zweifel: es hilft dir fortzuschreiten, wenn du einen Wächter über dich gesetzt hast und so immer einen hast, auf den du mit Achtung hinblicken, in dem du einen Teilnehmer an deinen Gedanken sehen kannst. Das weit Grossartigere ist es gewiss, so gleichsam unter den Augen dieses oder jenes wertvollen, ständig gegenwärtigen Mannes zu leben; aber ich will auch damit schon zufrieden sein: dass du in allem so handelst, als sähe irgendein Beliebiger dir zu – es ist die Vereinzelung, die uns alles Schlechte eingibt. Wenn du dann so weit fortgeschritten bist, dass du solche Achtung auch für dich selbst empfindest, magst du deinen Erzieher wieder entlassen.» *Seneca*

«Glücklich zu preisen, wer einen anderen Menschen nicht nur, wenn er selbst gegenwärtig ist, sondern schon, wenn jener nur an ihn denkt, vor Fehlern zu bewahren vermag; glücklich zu preisen aber auch, wer einen anderen Menschen derart zu verehren vermag, dass er sich schon beim Gedanken an ihn zusammennimmt und berichtigt.» *Seneca*

«Überführe du selbst dich, soviel du kannst, deiner Fehler; strenge eine Untersuchung gegen dich an, übernimm darin zuerst die Rolle des Anklägers, dann die des Richters, erst zuletzt die eines Fürsprechers. Manchmal auch sprich dich schuldig.» *Seneca*

«Es ist erfreulich, bis ins höchste Alter mit sich selbst zusammen zu sein, wenn du dich zu einem Menschen gebildet hast, der es wert ist, dass du seine Gesellschaft geniesst.» *Seneca*

«Bemühe du dich jetzt nur darum: dass du selbst dir soviel wert bist, wie du es anderen scheinen wirst, wenn du es dir selbst einmal gewesen bist.» *Plinius der Jüngere*

In einer kaum ein Dutzend Verszeilen langen, vom Äusseren zum Inneren fortschreitenden Aufzählung dessen, «was uns glücklicher macht das Menschenleben», nennt Martial am Ende als das Innerste und Höchste den Einklang mit sich selbst, dem, «was einer ist» – «*quod sis, esse velis nihilque malis*» – und, als gehe er daraus hervor, den Einklang mit Leben und Tod:
«Was du bist, das sein wollen und nichts lieber;
weder fürchten das Ende noch es wünschen.»

Am Tisch mit Sklaven und Zöllnern

Im spanischen Westen des römischen Reiches fast gleichzeitig mit Jesus Christus geboren, in der Hauptstadt fast gleichzeitig mit dem Apostel Paulus und durch den gleichen Nero zu Tode gebracht, scheint Seneca, der brillanteste Geist des Neronischen Rom, dem frühesten Christentum nicht nur durch Zeitgenossenschaft verbunden. Es verwundert nicht, dass eine ingeniöse Fiktion der Spätantike den Römer mit Paulus in einen Briefwechsel treten lässt: eine geheime Geistesverwandtschaft verbindet sein philosophisches Denken mit der christlichen Lehre, deutlich zumal dort, wo Seneca sich wie in dem folgenden Brief an Lucilius kritisch zu sozialen Zeitfragen äussert:

«Gern habe ich von denen, die von dir kommen, gehört, dass du freundschaftlich mit deinen Sklaven verkehrst. Das spricht für deine Klugheit, spricht für deine Bildung. „Sie sind Sklaven." Aber doch Menschen. „Sie sind Sklaven." Aber doch Hausgenossen. „Sie sind Sklaven." Aber doch ergebene Freunde. „Sie sind Sklaven." Aber doch Mitsklaven, wenn du bedenkst, dass die Glücksgöttin über beide, Freie und Unfreie, gleiches Recht hat.

Daher lächle ich nur über diese Herren, die es für verächtlich halten, wenn einer mit seinem Sklaven speist. Warum denn, wenn nicht einzig darum, dass eine höchst anmassende Gewohnheit den Herrn, wenn er speist, mit einem Kreis stehender Sklaven umgibt? Da schlingt der Herr mehr in sich hinein, als er fassen kann, und überlastet in massloser Gier seinen prall gefüllten Magen – der den Dienst eines Magens schon nicht mehr gewohnt ist – nur um alles dieses mit noch grösserer Mühe wieder von sich zu geben, als er es zu sich genommen hat; aber den unglücklichen Sklaven ist nicht erlaubt, ihre Lippen auch nur zum Sprechen zu bewegen. Mit der Rute wird jedes Flüstern erstickt, und nicht einmal Unwillkürliches wie Husten, Niesen, Keuchen bleibt ungestraft. Hungrig und stumm stehen sie so den ganzen Abend hindurch da.

So kommt es dahin, dass diese Sklaven über ihren Herrn reden, denen vor ihrem Herrn zu reden nicht erlaubt ist. Aber jene anderen, die das Gespräch nicht nur vor ihrem Herrn, sondern auch mit ihrem Herrn gewohnt waren, denen der Mund nicht gleichsam zugenäht war, fanden sich oft bereit, für ihren Herrn den Hals hinzuhalten und die drohende Gefahr auf ihr eigenes Haupt abzulenken: an der Tafel sprachen sie, doch auf der Folter schwiegen sie. Und dann macht dieses Sprichwort, Ausdruck der gleichen Anmassung, die Runde: so viele Sklaven, so viele Feinde. Wir haben unsere Sklaven nicht zu Feinden, sondern wir machen sie dazu.

Anderes übergehe ich hier, nicht minder Grausames, Unmenschliches: dass wir unsere Sklaven nicht einmal nur als Menschen, sondern als Zugvieh missbrauchen; dass, wenn wir uns zu Tische gelegt haben, der eine Sklave das Ausgespuckte vom Boden aufwischt, ein anderer, unter das Lager gebeugt, das Erbrochene der Betrunkenen aufnimmt, ein dritter kostbare Vögel zerteilt: durch Brust und Bürzel mit sicheren Schnitten die geschulte Hand herumführend, löst er die Stücke heraus, der Unglückliche, der nur für diese eine Sache lebt, dass er das Geflügel gehörig zerteilt! Oder ist etwa der Herr eher noch erbärmlicher, der ihm solche Arbeit um seines Genusses willen abfordert, als der Sklave, der sie unter dessen Nötigung leisten muss? ...

Bedenke doch nur, dass dieser Mensch da, den du deinen Sklaven nennst, aus dem gleichen Samen hervorgegangen, unter dem gleichen Himmel aufgewachsen ist, dass er gleicherweise atmet, gleicherweise lebt, gleicherweise stirbt! Geradeso leicht kannst du ihn als Freigeborenen vor dir sehen wie er dich als einen Sklaven... Ich will mich hier nicht auf eine so weitreichende Frage einlassen und im einzelnen die Behandlung der Sklaven erörtern, denen wir so überaus anmassend, grausam und entwürdigend begegnen. Doch dies ist die Summe aller meiner Massregeln: Lebe mit dem dir Untergeordneten so zusammen, wie du möchtest, dass ein dir Übergeordneter mit dir zusammenlebt. Sooft du dir dessen bewusst wirst, wieviel dir gegenüber einem Sklaven erlaubt ist, sooft lass dir bewusst werden, dass ebensoviel deinem Herrn dir gegenüber erlaubt ist. „Aber", sagst du, „ich habe keinen Herrn." Du bist noch jung; vielleicht wirst du einmal einen haben... Zeige dich deinem Sklaven gegenüber nachsichtig, ja geradezu freundlich, zieh ihn zum Gespräch mit dir hinzu, auch zur Beratschlagung, auch zur Geselligkeit...

„Wie nun", ruft da einer, „allesamt soll ich die Sklaven an meinen Tisch holen?" Nicht eher als allesamt die Freien. Du irrst, wenn du meinst, ich würde manche Sklaven, die sozusagen schmutzigere Arbeit verrichten, davon ausschliessen, wie etwa einen Maultiertreiber oder einen Rinderknecht; nicht nach ihren Diensten will ich sie schätzen, sondern nach ihren Sitten. Seine Sitten gibt jeder sich selbst; die Dienste weist der Zufall zu. Einige mögen mit dir speisen, weil sie es wert sind; andere, damit sie es werden. Denn wenn diesen Niedersten von ihrer schmutzigen Arbeit noch etwas Sklavisches anhängt, so wird der Umgang mit den Höherstehenden es vertreiben. Es ist nicht so, mein Lucilius, dass du einen Freund nur auf dem Forum oder in der Curia suchen kannst; wenn du die Augen offen hältst, wirst du ihn auch im eigenen Hause finden. Oft bleibt ein guter

Block unbehauen, da der Künstler fehlt; versuche es, und du wirst es erfahren. Geradeso wie der töricht ist, der beim Pferdekauf nicht auf das Pferd selbst sieht, sondern auf seine Decke und sein Zaumzeug, so ist der erst recht töricht, der einen Menschen entweder nach seinem Kleid oder nach seiner Lebenslage, die uns wie ein Kleid umgelegt ist, einschätzt.

„Er ist ein Sklave." Aber vielleicht frei im Geiste. „Er ist ein Sklave." Kann das gegen ihn sprechen? Zeige mir einen, der es nicht ist: Der eine frönt seiner Begierde, der andere seiner Habsucht, der dritte seinem Ehrgeiz, sie alle der Furcht. Ich kann dir einen Konsular nennen, der einem alten Weib, einen Reichen, der einer jungen Magd hörig ist; ich kann dir die vornehmsten jungen Herren zeigen, die Sklaven der Schauspieler sind! Kein Sklavendienst ist schändlicher als der freiwillige. So besteht denn kein Grund, dass diese Vornehmtuer dich davon abschrecken sollten, dich deinen Sklaven gegenüber heiter und zwanglos zu geben und nicht überheblich überlegen. Verehren sollen dich deine Sklaven eher als dich fürchten.»

Trauer um Sklaven?

Ein guter Hausvater, schreibt der alte Cato seinem Sohn in seinem Buch «Über die Landwirtschaft» vor, müsse eher aufs Verkaufen als aufs Einkaufen aus sein, und er zählt in einer Liste alle die überschüssigen Dinge auf, die der *pater familias* lieber heute als morgen abstossen solle: «Was an Wein und Getreide übrig ist; alte Rinder, der Muttermilch entwöhnte Kälber und Lämmer; Wolle, Felle; einen alten Wagen, altes Eisengerät; einen alten Sklaven, einen kranken Sklaven, und was sonst noch übrig ist.» Sklaven sind Ware, und je älter und kränker, desto leichter verderblich: für einen toten Sklaven zahlt keiner mehr ein As.

In Catos seit der Antike vielfach zitierter, heute so zynisch wirkender Vorschrift, die den alten Sklaven buchstäblich zum alten Eisen wirft, tritt uns von den vielen verschiedenen Gesichtern, die das Sklavenlos in der Antike bei dem einen oder anderen Herrn, auf dem Land oder in der Stadt, in niedrigerem oder höherem Dienst, in älterer oder jüngerer Zeit gehabt haben mag, eines der hässlichsten vor Augen. Ein ganz anderes, freundlicheres Bild vom Verhältnis des Herrn zu seinen Sklaven zeichnet der feine Brief, in dem der jüngere Plinius seinem Freund und Namensvetter Plinius Paternus seinen Schmerz um den Verlust ihm vertraut gewordener Freigelassener klagt – sehr wohl im Bewusstsein des Unzeitgemässen solcher Trauer um Sklaven:

«Tief erschüttert haben mich einige Krankheitsfälle, ja auch Todesfälle der Meinen und noch ganz junger Menschen. In zwei Gedanken finde ich Trost, bei weitem nicht genug für einen solchen Schmerz, aber doch Trost: das eine ist die Leichtigkeit, mit der ich mich zur Freilassung entschliesse (denn ich meine, diejenigen der Meinen nicht allzu früh verloren zu haben, die ich als bereits Freigelassene verloren habe); das andere, dass ich selbst den Sklaven schon zugestehe, sozusagen „Testamente" zu machen, und diese dann geradeso, als wären sie rechtsgültig, vollstrecke. Sie erteilen Aufträge und sprechen Bitten aus, ganz wie es ihr Wunsch ist; ich führe alles aus, als wäre es ein Befehl. Sie verteilen das Ihre, verschenken dieses, hinterlassen jenes – natürlich nur innerhalb des Hauses, denn für die Sklaven ist die Hausgemeinschaft wie eine Staats- und Bürgergemeinschaft. Aber wenn ich auch bei diesem doppelten Trost Ruhe finde, so werde ich doch geschwächt und gebrochen durch eben dieselbe Menschlichkeit, die mich zu diesen Zugeständnissen gebracht hat.

Dennoch möchte ich mir deswegen nicht wünschen, gegenüber solchem Schmerz härter zu werden. Ich weiss sehr wohl, dass andere Herren in solchem Unglück, das die Sklaven betrifft, nichts weiter als eine Vermögenseinbusse sehen und sich ob dieser Unerschütterlichkeit grosse und weise Menschen dünken. Ob diese Herren gross und weise sind, weiss ich nicht; Menschen jedenfalls sind sie nicht. Denn zum Menschen gehört es, vom Schmerz sich anrühren zu lassen, sich ihm hinzugeben oder doch ihm zu widerstehen und Trost anzunehmen – nicht, des Trostes gar nicht erst zu bedürfen.

Aber ich habe hierüber jetzt vielleicht schon mehr gesagt, als ich sollte, wenn auch weniger, als ich wollte. Denn es gibt auch eine gewisse Lust selbst am Schmerz, besonders wenn du dich an der Brust eines Freundes ausweinen kannst, bei dem für deine Tränen entweder Zuspruch bereit ist oder doch Nachsicht.»

Ein Staat nach Mass

«Kein Zweifel – soviel wenigstens wird aus der politischen Wirklichkeit deutlich: dass eine Staatsgemeinschaft mit allzu grossem Bevölkerungsreichtum nur schwerlich, vielleicht gar nicht in guter Verfassung sein kann. Unter den Staaten jedenfalls, die nach allgemeiner Ansicht in guter Verfassung sind, finden wir keinen mit unbegrenzter Bevölkerungszunahme.

Diese Feststellung findet in der politischen Theorie eine klare Bestätigung. Denn eine Verfassung ist eine Ordnung, und eine gute Verfassung muss notwendig eine gute Ordnung sein; eine übergrosse Zahl aber kann nichts mit Ordnung gemein haben. Denn diese zu bewältigen, bedürfte es am Ende einer göttlichen Macht, wie sie ja auch unser ganzes Weltall zusammenhält; das Schöne allerdings pflegt sich ja erst mit einer gewissen Fülle und Grösse einzustellen. Darum muss auch derjenige Staat, der im Verein mit einer stattlichen Grösse die genannte Begrenzung einhält, notwendig der schönste sein. Doch gibt es auch für einen Staat eine bestimmte Grenze des Grössenwachstums, wie für alles andere, für Tiere und Pflanzen und ihre einzelnen Organe. Denn auch im Bereich des Lebenden wird jedes Einzelne, das entweder allzu klein geraten oder aber allzu gross gewachsen ist, nicht mehr über seine spezifischen Fähigkeiten verfügen, sondern im einen Fall ganz seiner natürlichen Funktionen beraubt sein, im anderen Fall sie nur noch schlecht erfüllen können. Gerade so wird auch ein Schiff, das eine Handspanne lang ist, überhaupt kein Schiff mehr sein, ebensowenig wie eines, das zwei Stadien lang ist; ja ein Schiff wird schon vorher, wenn es bestimmte Grössenmasse unter- oder überschreitet, das eine Mal wegen seiner Kleinheit, das andere Mal wegen seiner Übergrösse nur noch bedingt zur Seefahrt tauglich sein.

Entsprechend verhält es sich mit einer Staatsgemeinschaft: auf der einen Seite ist ein Staat, der aus allzu wenigen Bürgern besteht, nicht autark – wir verstehen einen Staat aber als eine autarke Gemeinschaft –, auf der anderen Seite ist ein Staat, der aus allzu vielen Bürgern besteht, in den lebensnotwendigen Dingen wohl autark, doch wie eine Volksgemeinschaft, nicht wie eine Staatsgemeinschaft. Denn in einem so grossen Staat kann es nicht leicht eine staatliche Ordnung geben; wer sollte nur schon Feldherr sein über die allzu grosse Menge, oder wer Herold, der nicht über eine Stentorstimme verfügte? Daher muss die kleinste Staatsgemeinschaft notwendig aus gerade der Anzahl von Bürgern bestehen, die als die kleinste Anzahl autark ist für ein vollkommenes Leben in einer politischen Gemeinschaft. Darüber hinaus kann es durchaus auch grössere, diese kleinste in der Anzahl der Bürger übertreffende Staatsgemeinschaften geben; doch dieses Wachstum geht, wie wir vorher gesagt haben, nicht ins Unbegrenzte.

An welcher Stelle nun die Grenze zwischen Mass und Unmass liegt, ist aus den Lebensfunktionen des Staates leicht zu erkennen. Diese kommen ja teils den Regierenden, teils den Regierten zu; die Funktionen der Regierenden sind die Gesetzgebung und die Rechtsprechung. Um nun in Streitigkeiten ein gerechtes Urteil fällen und die Ämter nach Verdienst verteilen zu können, müssen die Bürger einander notwendig kennen und wissen, welcher Art sie sind; in einem Staat, wo dieses nicht geschehen kann, wird es zwangsläufig schlecht stehen um die Ämterbesetzung und die Rechtsprechung. In diesen beiden Punkten ist es jedoch keineswegs zulässig, aufs Geratewohl zu entscheiden, wie es in einem Staat mit allzu grossem Bevölkerungsreichtum offenkundig geschehen muss. Auch fällt es in einem solchen Staat den Fremden überaus leicht, an der politischen Gemeinschaft teilzunehmen; denn bei der grossen Zahl der Bürger ist es für sie nicht schwierig, in der Menge unterzutauchen. Demnach ist klar, dass dieses die beste Grenze für das Grössenwachstum einer Staatsgemeinschaft ist: die grösste Zahl von Bürgern, die bei gesicherter Autarkie der Lebensführung noch wohlüberschaubar ist.»

Was sollte Aristoteles heute sagen, da die Bevölkerung der Volksrepublik China die Milliardengrenze eben überschritten hat und mehrere andere Staaten weit über hundert Millionen – die höchste im Griechischen in Worte fassbare Zahl – Einwohner zählen? Er würde wohl vollends an der Gegenwart irre, sähe er dazu noch die Riesenleiber unserer Supertanker mit ihren zwei Stadien Länge die Weltmeere befahren, hörte er schliesslich noch die Stentorstimme unserer weltumspannenden Medien. Die Schweiz ein Kleinstaat? Da könnte dieser alte Aristoteles nur lachen.

Lob des Mittelstandes

«In allen bestehenden Staaten finden sich diese drei Gesellschaftsschichten: auf der einen Seite die überaus Reichen, auf der anderen die überaus Armen und als dritte eine mittlere Schicht zwischen diesen beiden Extremen. Da nun Übereinstimmung herrscht darüber, dass allgemein das Massvolle – und das bedeutet: das Mittlere – den höchsten Wert hat, ist klar, dass auch bei den Glücksgütern der mittlere Besitz von allen der wertvollste ist. Denn der nur mässig vom Glück Begünstigte hat es am leichtesten, der Vernunft zu gehorchen; dem übermässig Schönen oder übermässig Kräftigen oder übermässig Adligen oder übermässig Reichen dagegen oder denen, die diesen entgegengesetzt sind, dem übermässig Bedürftigen oder übermässig Schwachen oder ganz und gar Ehrlosen, fällt es schwer, der Vernunft zu folgen. Denn die einen, die übermässig Begüterten, werden eher überheblich und kriminell im Grossen, die anderen, die ganz Unbegüterten, gar zu leicht hinterhältig und kriminell im Kleinen.

Ein Zweites: Die nur mässig Besitzenden drücken sich am wenigsten vor öffentlichen Ämtern und drängen sich auch am wenigsten zu ihnen; beides sind dies ja Verhaltensweisen, die dem Staat schaden.

Ein Drittes: Die in einer Überfülle von Glücksgütern leben, der Kraft, des Reichtums, der Freunde und der übrigen solchen Güter, sind weder willens noch fähig, sich einer Herrschaft zu fügen – und das zeigt sich von Anfang an im Haus bei den Kindern: in ihrer Verwöhntheit können sie sich schon in der Schule nur schwer dazu bequemen, sich führen und lenken zu lassen. Die dagegen in äusserster Entbehrung solcher Glücksgüter leben, sind allzu unterwürfig. So sind die einen unfähig, überhaupt Herrschaft auszuüben, sondern allenfalls fähig, sich einer knechtenden Herrschaft zu unterwerfen, die andern unfähig, sich irgendeiner Herrschaft unterzuordnen, sondern allenfalls fähig, eine herrische Herrschaft auszuüben. Daraus kann nur ein Staat von Knechten und Herren entstehen, nicht einer von freien Bürgern, ein Staat, in dem die einen mit Missgunst und Neid, die anderen mit Geringschätzung auf die Gegenseite sehen. Das aber hat nichts mehr gemein mit Freundschaft und so auch nicht mit Bürgergemeinschaft, denn Gemeinschaft ist etwas Freundschaftliches – mit seinen Feinden will keiner ja auch nur den Weg gemeinsam haben.

Wünschen wird sich der Staat jedenfalls Bürger, die einander weitgehend gleichgestellt sind und in ähnlichen Besitzverhältnissen leben; dieses ist aber am ehesten in der mittleren Schicht gegeben. Auch geniessen in den bestehenden Staaten von allen Bürgern die in der Mitte die grösste Sicherheit. Denn weder begehren sie selbst, wie die Armen, sich den Besitz anderer anzueignen, noch begehren andere, sich ihren Besitz anzueignen, und indem sie so weder von anderen behelligt werden noch selbst andere behelligen, führen sie ein ungefährdetes Leben. Darum hat Phokylides sich zu Recht gewünscht: „Viele Vorzüge geniesst, wer in der Mitte steht; in der Mitte will ich in meiner Stadt stehen."

Daraus geht klar hervor, dass die beste Bürgergemeinschaft die ist, die sich über die mittlere Schicht erstreckt, und dass allein die Staaten eine Chance zu einem glücklichen politischen Leben haben, in denen die mittlere Schicht zahlenmässig stark ist und das Übergewicht besitzt, wenn nicht – wie im besten Fall – über die beiden äusseren Schichten, so doch wenigstens über eine der beiden; denn dann kann sie, indem sie ihr Gewicht der einen oder der anderen Seite zulegt, jeweils den Ausschlag geben und radikale Entwicklungen zur entgegengesetzten Seite hin verhindern. Deswegen ist es das grösste Glück, wenn alle Bürger eines Staates über einen mittleren und dabei doch ausreichenden Besitz verfügen; denn überall da, wo die einen Bürger sehr viel besitzen und die anderen gar nichts, entwickelt sich entweder eine ins Extrem gesteigerte Demokratie oder eine uneingeschränkte Oligarchie oder schliesslich, auf dem Wege über diese beiden extremen Verfassungsformen, eine Tyrannis. Denn sowohl aus einer über die Stränge schlagenden Demokratie als auch aus einer Oligarchie geht leicht eine Tyrannis hervor, aus einer Herrschaft der mittleren Schicht und der ihr nahestehenden gemässigten Bürger viel weniger leicht.» *Aristoteles*

Für eine Politik der Mitte

Nicht wie heutzutage «links» oder «rechts», sondern «demokratisch» oder «oligarchisch» heissen bei Aristoteles die einander entgegengesetzten politischen Lager: «demokratisch» verfasst ist ein Staat, in dem die unvermögenden «Vielen», das Volk oder die «Menge», die Oberhand haben, «oligarchisch» einer, in dem die vermögenden «Wenigen» die Macht ausüben. In einer interessanten grundsätzlichen Äusserung im 5. Buch seiner «Politischen Schriften» rät Aristoteles zu einer ebenso paradoxen wie einleuchtenden Politik der «Mitte»: die jeweils herrschende Partei solle beständig im Sinne der Gegenpartei agieren, um ihre Herrschaft desto besser bewahren zu können.

«Allgemein können wir das folgende feststellen: Alle die einzelnen Bestimmungen, die wir in der Gesetzgebung als förderlich, sei es für eine demokratische, sei es für eine oligarchische Verfassung ansehen, tragen natürlich jede für sich das Ihre dazu bei, die in den einzelnen Staaten jeweils bestehenden Verfassungen in Kraft zu erhalten; und zu erinnern ist auch hier wieder an die schon oftmals genannte grundlegende Voraussetzung für den Fortbestand einer Verfassung: das Augenmerk darauf, dass die Menge der Bürger, die mit der jeweils bestehenden Verfassung einverstanden sind, grösser ist als die Menge der Bürger, die mit ihr nicht einverstanden sind.

Neben allen diesen einzelnen Gesetzesvorkehrungen darf aber das eine keineswegs ausser acht bleiben, das gegenwärtig allenthalben in den vom richtigen Weg abweichenden Verfassungen ausser acht bleibt: die Mitte. Denn viele Bestimmungen, die vermeintlich den Interessen der Vielen dienen, lösen die Demokratie auf, und viele Bestimmungen, die vermeintlich den Interessen der Wenigen dienen, die Oligarchie. In der Überzeugung, die einzig richtige politische Haltung sei die extreme, tendieren viele Politiker ständig zum Extrem, sei es zum demokratischen, sei es zum oligarchischen. Sie übersehen dabei, dass etwa eine Nase, die von ihrer schönsten Form, dem geraden Schnitt, ein wenig zur krummen oder auch zur stumpfen Form abweicht, nichtsdestoweniger immer noch schön und reizvoll anzusehen sein kann; wenn ein Bildhauer jedoch ihre Wölbung in das eine oder das andere Extrem hinein steigern wollte, wird er zunächst die natürlichen Massverhältnisse dieses Körperteils preisgeben und es schliesslich dahin bringen, dass diese Nase gar nicht mehr als eine Nase zu erkennen ist, da sie durch ihr Übermass auf der einen und ihren Mangel auf der anderen Seite so sehr entstellt ist, und gerade so verhält es sich mit den anderen Körperteilen. Das Gesagte trifft aber auch auf die Verfassungen zu. Denn sowohl eine Demokratie als auch eine Oligarchie können durchaus in einem hinlänglich guten Zustand sein, auch wenn sie die jeweils beste Ordnung dieser beiden Verfassungen um einiges verfehlen; doch sobald ein Gesetzgeber die eine oder die andere der beiden noch weiter in das jeweilige Extrem hinein steigert, wird er diese Verfassung zunächst schwächen und es schliesslich dahin bringen, dass diese Verfassung überhaupt keine Verfassung mehr ist.

Aus diesem Grund dürfen der Gesetzgeber und auch der Politiker nicht in Unkenntnis darüber sein, welche der scheinbar den Interessen der Vielen dienenden Bestimmungen die Demokratie erhalten und welche dieser Bestimmungen sie zerstören, und ebenso, welche der scheinbar den Interessen der Wenigen dienenden Bestimmungen wiederum die Oligarchie erhalten oder zerstören. Denn weder die eine noch die andere dieser Verfassungen kann Bestand haben und sich auf Dauer behaupten ohne das Zusammenwirken der vermögenden Wenigen und der unvermögenden Menge; sollte es einmal in einem Staat zu einem vollkommenen Ausgleich der Besitzverhältnisse kommen, so müsste in diesem Staat die Verfassung unausweichlich eine andere werden.

Hieraus ergibt sich, dass die Gesetzgeber gerade durch solche Gesetze, durch die sie die eine oder die andere Verfassung in ihr Extrem steigern möchten, eben diese Verfassung zerstören. In den genannten Fehler verfallen die Politiker gleicherweise in den demokratisch wie in den oligarchisch verfassten Staaten. In den demokratisch regierten Staaten, wo die grosse Menge über die Gesetze entscheidet, machen die politischen Führer dieser grossen Menge regelmässig den Fehler, den Staat durch ihren Kampf gegen die Vermögenden in zwei feindliche Lager zu spalten, während sie doch durch eine ausgeglichene Politik vielmehr den Anschein erwecken sollten, als träten sie geradezu für eben diese Vermögenden ein. Umgekehrt sollten in den oligarchisch regierten Staaten die politischen Führer der Wenigen mit einer ebenso ausgeglichenen Politik entsprechend den Anschein erwecken, als handelten sie im Interesse der grossen Menge, und sollten gerade den entgegengesetzten Eid schwören gegenüber dem, den sie gegenwärtig schwören. Denn gegenwärtig schwören sie in manchen Staaten den Eid: „Ich will dem gemeinen Volk feindlich gesinnt sein und zu seinem Schaden raten, was ich kann"; sie sollten dagegen gerade das Gegenteil davon sich vorsprechen lassen und nachsprechen und bei der Eidesleistung deutlich erklären: „Ich will dem Volk keinerlei Unrecht zufügen."»

Ein Mädchen im Auge

Wenn ein liebender Jüngling dem geliebten Mädchen recht tief, lang und nah in die dunklen Augen schaut, kann es leicht geschehen, dass er in seinem Gegenüber auf einmal sein eigenes Bild erkennt: Das Auge ist zum Spiegel geworden; einen Teil des einfallenden Lichtes lässt es in sein Inneres ein, einen Teil wirft es ins Auge des Betrachters zurück.

Platon hat das auch optisch reizvolle Phänomen in seinem ersten «Alkibiades»-Dialog beschrieben; da fragt Sokrates den jungen Alkibiades: «Hast du wohl einmal ein Augenmerk darauf gehabt, was geschieht, wenn einer dem andern ins Auge schaut? Da erscheint das eigene Gesicht des Schauenden im Auge des Angeschauten wie in einem Spiegel; darum nennen wir diese Erscheinung ja auch das ‚Püppchen', da es ein Abbild des Schauenden ist.»

Das griechische Wort *kóre* – man kennt es von den klassischen «Koren», den säulengleich aufstrebenden marmornen Mädchengestalten am Erechtheion in Athen – bezeichnet im eigentlichen Sinn das junge «Mädchen», im übertragenen Sinn das «Püppchen» als Mädchenspielzeug oder auch als kleine Weihgabe. Als Platon seinen «Alkibiades» schrieb, hatten zumal die Dichter das griechische Wort *kóre* von seiner eigentlichen Bedeutung «Mädchen» über das Spielzeug-«Püppchen» und besonders das «Püppchen» im Auge längst weiter auf den spiegelnden innersten Kreis des Auges selbst übertragen. Wir begegnen der *kóre* in dieser dritten Bedeutung zuerst im 5. Jahrhundert v. Chr. bei dem sizilischen Naturforscher Empedokles, dem Vater der Vier-Elemente-Lehre: Das wohl für das feine Feuer, nicht aber für das gröbere Wasser durchlässige Auge mit einer durch ihren

Windschutz hindurch leuchtenden Laterne vergleichend, spricht Empedokles vom Auge als von einem in «feine Gewänder» gehüllten «rundäugigen Mädchen» oder «Püppchen» – dachte er dabei wohl an die berühmten auf der Insel Kos hergestellten durchsichtigen «koischen Gewänder»?

Aus dem Griechischen ist die bildhafte, doch schon in der Aristotelischen wissenschaftlichen Prosa ganz geläufige Bezeichnung des inneren Auges als «Mädchen» oder «Püppchen» in der Lehnübersetzung *pupilla,* «kleines Mädchen, kleines Püppchen», ins Lateinische übergegangen; diese lateinische, für den Römer noch sprechende Bezeichnung wiederum lebt in unserer Sprache in dem kaum mehr als fremd empfundenen Fremdwort «Pupille» fort, oder vielmehr: die blosse Hülle des Wortes lebt fort, sein bildhafter Gehalt – die *pupa,* das «Mädchen», das «Püppchen» im Auge – ist uns verlorengegangen.

Für Sokrates und Alkibiades in Platons Dialog wird das Auge, das sich im Spiegel des Auges erblickt, zum bedeutsamen Gleichnis für die Seele, die sich im Spiegel der Seele erkennt: «So muss denn das Auge, wenn es sich selbst erblicken will, in ein Auge blicken, und so auch die Seele, wenn sie sich selbst erkennen will, in die Seele» – indem er auf das Göttliche hinblickt, wird der Mensch seines eigenen Masses gewahr.

«O wär ich der Himmel...»

Der so kenntnisreiche wie pedantische Diogenes Laërtios, der im späten 2. oder frühen 3. Jahrhundert n. Chr. die «Lebensgeschichten und Lehrmeinungen der grossen Philosophen» zusammenstellte, liebte die knappsten Formen: die Anekdote und das Epigramm. Anekdoten hat er aus vielerlei älteren und neueren, besseren und schlechteren Quellen zu Hunderten für sein philosophiegeschichtliches Hauptwerk gesammelt; Epigramme «in allen Versmassen» hat er selbst gedrechselt, ein ganzes Buch voll auf die Todesarten berühmter Männer, und auch diese, soweit sie Philosophen betrafen, fleissig zitiert. So hatte Diogenes Laërtios denn auch Sinn für fremde Epigrammdichtung; in seiner Platon-Biographie führt er einen lose gebundenen Strauss von elf unter dem Namen des Philosophen überlieferten Epigrammen an, die kleinere, aber bessere Hälfte derer, die sich später in der «*Anthologia Palatina*» der Autorschaft des Philosophen rühmen. Doch nur ganz wenigen dieser Epigramme ist der altererbte Ehrentitel in der neueren Forschung erhalten geblieben; zu diesen wenigen gehören die beiden, mit denen Diogenes Laërtios seine kleine Anthologie in der Biographie eröffnet: die Liebesepigramme an den Knaben *Astér,* «Stern». Diogenes zitiert sie aus einer dem Aristippos von Kyrene, einem Anhänger des Sokrates und Zeitgenossen Platons, untergeschobenen Schrift, die ein Anonymus des 3. oder 2. Jahrhunderts v. Chr. verfasst haben mag:

«Aristippos sagt im 4. Buch seiner Schrift „Über die Schwelgerei der Alten", Platon sei von Liebe ergriffen worden zu *Astér,* „Stern", einem sonst unbekannten Knaben, der sich bei ihm in der Astronomie übte, aber

75

auch zu dem vorher erwähnten Dion – andere sagen, auch zu Phaidros –; Zeugnisse für diese Liebe aber seien die folgenden Epigramme, die Platon an die Genannten gerichtet habe:

„Auf zu den Sternen schaust du, mein Stern. O wär ich der Himmel,
    dass ich mit Augen so viel tausendfach schaute auf dich!"»

Hiess der schöne Knabe, den anzuschauen Platon sich Augen soviel wie Sterne am Himmel wünscht, wirklich *Astér?* Der Name *Astér* ist uns in Mythos und Geschichte bezeugt, wenn auch äusserst selten. Oder hat jener Anonymus (oder ein anderer vor ihm) lediglich einen aus dem Augenblick gegebenen Liebesnamen als den offen genannten Eigennamen des schönen Knaben missverstanden, vielleicht gar den versunken zum Himmel aufschauenden Knaben kurzerhand zum jungen Astronomen erhoben und so erst aus dem Gedicht, so wenig Worte es sind, die ganze Legende gewonnen? Wir wissen es nicht. Die Antike jedenfalls ist der Legende gefolgt und hat so auch das andere Liebesepigramm, in dem Platon den Geliebten mit dem hellsten Stern am Himmel, der Aphrodite oder heute der Venus, vergleicht, folgerichtig «auf denselben Schüler *Astér*» – so die «*Anthologia Palatina*» – bezogen. Auch Diogenes Laërtios lässt dieses zweite bedeutsam zwischen Mikrokosmos und Makrokosmos spielende Sternen-Epigramm unmittelbar auf das erste folgen:

«Als unser Morgenstern strahltest du einst den Lebenden; sterbend
    strahlst den Verblichenen du jetzt als ihr Abendstern auf.»

Ein «Schandbuch» hat der Philosoph und Philologe Paul Natorp in einer wegwerfenden Bemerkung die fälschlich dem Aristippos zugeschriebene anonyme Schrift «Über die Schwelgerei der Alten» genannt. Immerhin: aus dieser dermassen trüben, ja anrüchigen Quelle hat Diogenes Laërtios zwei der feinsten Liebesepigramme der Antike schöpfen können, zwei Epigramme, die mit ihrem Wechselspiel von menschlicher und göttlicher Schönheit zugleich reinste, ungetrübte Spiegel platonischen Denkens und platonischer Liebe sind.

Liebesglut unter der Asche

Am 24. und 25. August des Jahres 79 n. Chr. sind die blühenden kampanischen Städte Herculaneum, Pompeji und Stabiae unter den Lavaströmen und dem Aschenregen eines so überraschenden wie übermächtigen Ausbruchs des nahen Vesuvs versunken. Unter den Tausenden von Wandinschriften, die bei den Ausgrabungen wieder ans Licht kamen, finden sich neben Wahlaufrufen, Ankündigungen von Gladiatorenspielen, persönlichen Notizen, Kinder- und Schülerkritzeleien und diversen Freundlichkeiten und Unfreundlichkeiten auch einige Liebesepigramme, feinere und gröbere Verse, die teils aus verlorener Dichtung zitiert, teils in eigener Liebesglut geschmiedet sein mögen:

«*Quisquis amat, valeat; pereat, qui nescit amare;*
  bis tanto pereat, quisquis amare vetat.»
«Wer immer liebt, sei gesegnet; verflucht, wer nicht weiss zu lieben;
  zweimal und dreimal verflucht, wer uns zu lieben missgönnt!»

«*Si quis non vidit Venerem, quam pinxit Apelles,*
  pupa(m) mea(m) aspiciat: talis et illa nitet.»
«Kennt hier einer die Venus noch nicht, die Apelles gemalt hat,
  seh er mein Mädchen nur an: die strahlt gerade so schön!»

«*Scribenti mi dictat Amor mo(n)stratque Cupido:*
  a peream, sine te si deus esse velim!»
«Amor führt mir die Hand und Cupido, wie ich dies schreibe:
  stürb' ich doch, wählt' ohne dich jemals ein Gott ich zu sein!»

«Candida me docuit nigras odisse puellas.
Odero, si potero; si non, invitus amabo.»
«Strahlend weiss ist mein Mädchen; sie lehrt mich, die schwarzen zu hassen.
Hassen will ich, wenn ich kann; wenn nicht, wider Willen sie lieben.»

«Sei, quid amor valeat, nostei, sei te hominem scis,
commiseresce mei: da veniam, ut veniam!»
«Weisst du, was alles die Liebe vermag, erkennst du als Mensch dich,
so erbarme dich mein: lass mir dich, lass mich zu dir!»

«Quisquis amat, veniat! Veneri volo frangere costas
fustibus et lumbos debilitare deae.
Si potest illa mihi tenerum pertundere pectus,
quid ego non possim caput illae frangere fuste?»
«Wer immer liebt, komme her! Der Venus will ich die Rippen
brechen und windelweich prügeln den göttlichen Leib.
Wenn sie's, die Harte, vermag, mir die zarte Brust zu durchbohren,
Wie vermöchte ich's nicht, ihr den Kopf mit der Keule zu spalten?»

«Non ego tam curo Venerem de marmore factam . . .»
«So sehr reizt eine Venus mich nicht, die aus Marmor gemacht ist . . .»

«Weissarmige» Schönheit

Leukólenos, «weissarmig», heisst Hera, die Gemahlin des Göttervaters Zeus und *First Lady* der olympischen Götterversammlung, mit ihrem poetisch wie kosmetisch schmückenden Beiwort in den Homerischen Gedichten; der Vossische Versschluss «... die lilienarmige Here» mag manchem Homer-Leser noch in den Ohren klingen. «Weissarmig» nennt Homer aber auch sterbliche Frauen, wie in der «Ilias» die schöne Helena, die *Miss World* ihrer Zeit, und Andromache, die Gattin des trojanischen Vorkämpfers Hektor, und in der «Odyssee» die anmutige Königstochter Nausikaa und ihre Mutter, die Königin Arete. Als Penelope, die Gattin des Odysseus, sich zu einem förmlichen Auftritt vor den sie bedrängenden Freiern entschliesst, lässt Athene die von Sehnsucht verzehrte Frau «grösser und voller» erscheinen und «weisser als gesägtes Elfenbein». «Weissarmig» nennt Hesiod in seiner «Theogonie» auch Persephone, die Tochter des Zeus und der Demeter; diese Persephone brauchte, als Hades sie in sein Schattenreich entführt hatte, wenigstens nicht mehr um ihren Teint zu fürchten.

Über Jahrhunderte und Jahrtausende hinweg ist Weiss die Farbe der Frauenschönheit gewesen, von der mythischen Schönheit Helenas bis zur Märchenschönheit Schneewittchens, wo das Schneeweiss der Haut mit dem Blutrot der Lippen und dem Ebenholzschwarz der Haare kontrastiert. Bezeichnend ist, wie in den ursprünglich Menandrischen, dann Terenzischen «Brüdern» der sittenstrenge Demea seine ohnmächtige Wut an der hübschen Hetäre Bacchis auslassen will: «Die schicke ich in der heissesten Mittagshitze aufs Feld hinaus, die Ähren aufzulesen; die lasse ich in der Sonne schmoren, bis sie kohlrabenschwarz ist...»

Gleich zu Anfang seines Fragment gebliebenen Lehrgedichts über die Pflege des Gesichts verweist Ovid die Sonnenbräune in die unkultivierte Frühzeit, da «die alten Sabinerinnen noch mehr Sinn für die Pflege des Ackers als für die ihres Körpers hatten». Zu Ovids eigener Zeit – und in den Jahrhunderten davor und danach – schminkte sich die gepflegte Frau mit Bleiweiss – griechisch *psímythos,* lateinisch *cerussa* –, um jeden Anflug von Sonnenbräune zu überdecken. In der wiederum ursprünglich griechischen, dann Plautinischen «*Mostellaria*» fordert die junge Hetäre Philematium in einer köstlichen, von ihrem Liebhaber heimlich beobachteten Toilettenszene zuerst *cerussa,* Bleiweiss, um sich die Wangen damit schminken zu lassen; doch die Dienerin Scapha verwehrt es ihr: gerade so gut könne sie verlangen, Elfenbein mit *atramentum,* schwarzer Tusche, noch strahlender zu machen. Darauf fordert Philematium *purpurissum,* Purpurschminke, und wieder weigert sich die Dienerin, die Schminke aufzutragen: ob sie denn das reizendste Kunstwerk, indem sie es übermale, verfälschen wolle? Philematiums jugendliches Alter solle überhaupt von jeglicher falscher Farbe die Hände lassen ...
Vierhundert Jahre nachdem Plautus diese griechische Gespensterkomödie in seiner lateinischen Version auf die römische Bühne gebracht hatte, treffen wir Philematiums Schminktöpfchen wieder, in Tertullians Kampfschrift wider die weibliche Putzsucht. «Ich will dann einmal sehen», ruft der Kirchenvater darin den törichten Jungfrauen zu, «ob ihr mit eurem Bleiweiss, eurem Purpur, eurem Safran und eurem eitlen Kopfputz am Jüngsten Tage auferstehen werdet, ob die Engel solche bunt angemalten Frätzchen, wie ihr seid, überhaupt in die Wolken emportragen wollen, Christus entgegen!»
Angesichts der überdimensionalen Plakatwände, auf denen sich eine anfänglich noch hellhäutige *Miss* «Vor-

her» stufenweise in eine tiefgebräunte *Miss* «Nachher» verwandelt, oder der dunkelgetönten Reklamespiegel, in denen der *Homo touristicus excoctus* seinem schöneren Selbst begegnet, müsste einen alten Griechen oder Römer und mehr noch eine alte Griechin oder Römerin das blanke Entsetzen über solche Metamorphosen packen. Und wir müssten dem antiken Zaungast wohl allesamt vom Hundsstern geschlagen scheinen, sähe er erst, wieviel Zeit und Geld, wieviel Öl und Mühe eine moderne Helena den Sommer wie den Winter über tatsächlich aufwendet, um nur ja nicht «weissarmig» wie die schöne – schöne? – antike Helena, sondern vielmehr kohlrabenschwarz wie die arme – arme? – Bacchis aus den Bade- oder den Skiferien zurückzukommen. Nichts Neues unter der Sonne? «*Tempora mutantur, et nos mutamur in illis.*»

Geschichte einer Enkelin

Von einer merkwürdigen Fernwirkung strahlender Frauenschönheit berichtet uns Sueton in seiner Biographie des Kaisers Gaius, mit Spitznamen *Caligula*, «Stiefelchen»: Da hat doch, wenn wir dem Biographen trauen dürfen, noch Jahrzehnte *post festum* oder eher *post florem* die offenbar viel und lange gepriesene Schönheit der einen ihrer beiden Grossmütter – wir wissen nicht, welcher der beiden –, einer «*Miss* Rom» der Augusteischen Zeit, die vermutlich auch nicht eben unansehnliche Enkelin Lollia Paulina an der Seite des Caligula wenigstens für kurze Zeit die Rolle einer *First Lady* des *Imperium Romanum* kosten lassen.

Eine Enkelin auch des berüchtigten Marcus Lollius, der unter Augustus erst aus unbekannter Familie zu hohen Ehren aufgestiegen, dann unter dem Vorwurf der Korruption in Ungnade gefallen war und schliesslich seinem Leben mit Gift ein Ende gemacht hatte, und durch ihn zur Millionenerbin geworden, war Lollia mit einem Publius Memmius Regulus vermählt, der unter Caligula als Statthalter der drei Balkanprovinzen Moesia, Macedonia und Achaia tätig war. Eine hingeworfene Bemerkung, die Grossmutter dieser Lollia sei doch einmal eine überaus schöne Frau gewesen, machte Caligula begierig, das verjüngte Ebenbild jener vergangenen Schönheit leibhaftig mit eigenen Augen zu sehen, und er zögerte nicht, Lollia Paulina sogleich aus der Provinz in die Hauptstadt laden zu lassen. Lollia kam, und die Wirkung noch dieses Abbilds eines Abbilds erwies sich als unwiderstehlich: Caligula nötigte Memmius Regulus, ihm seine grossmütterlich schöne Gattin augenblicklich abzutreten – und nach einer Quelle sogar, sie ihm an der Stelle eines Brautvaters selbst förmlich zu verloben.

Memmius Regulus dürfte sich ob dieses erzwungenen Rollenwechsels einigermassen frustriert gefühlt haben; was Lollia selbst bei ihrem Aufstieg zur Ersten Dame des römischen Reiches und dritten Gattin des römischen Kaisers empfunden haben mag, ist nicht überliefert. Für sie währte dieses kaiserliche Glück oder Unglück ohnehin nicht lange; bereits nach kurzer Zeit wurde Caligula, neu entflammt für eine neue Liebschaft, seine vierte und letzte Gattin Caesonia, ihrer wieder überdrüssig und verstiess sie mit der Auflage, künftig mit keinem anderen Manne mehr zu verkehren.

Ein Jahrzehnt verging; dann zog Kaiser Claudius, der inzwischen dem ermordeten Caligula nachgefolgt war, nach dem Sturz seiner dritten Gemahlin Messalina bei der Suche nach einer vierten auch unsere Lollia Paulina nochmals in die engere Wahl. Doch das brachte der unglücklichen Lollia lediglich die Eifersucht der schliesslich erwählten Agrippina ein, die, kaum an die Macht gelangt, ihre verhasste Rivalin unter der falschen Anklage, sie habe wegen der Vermählung des Kaisers die Astrologen befragt, zunächst ihres unermesslichen Vermögens berauben, darauf aus Italien verbannen und schliesslich heimtückisch ermorden liess; erst Jahre später, nach dem Tode dieser Agrippina, durfte die Asche der Toten nach Rom gebracht und dort beigesetzt werden.

Eine Momentaufnahme aus diesem Frauenleben zwischen höchstem Glanz und tiefstem Elend, aus dem Jahrzehnt zwischen Verstossung und Verbannung, hat uns der ältere Plinius, dieser hochrangige Beamte und Offizier und hochgelehrte Naturwissenschaftler, als Zeitgenosse und Augenzeuge nicht ohne Schaudern in seiner «Naturgeschichte» unter dem Stichwort «Perlmuschel» überliefert: «Die Lollia Paulina, die einstige Gemahlin des Kaisers Gaius, habe ich einmal in ihrem berühmten

Schmuck gesehen, und zwar durchaus nicht im prunkvollen Rahmen einer bedeutenden Festlichkeit, sondern sogar bei einem ganz gewöhnlichen Verlobungsmahl. Dazu erschien sie über und über mit Smaragden und Perlen bedeckt, die abwechselnd aneinandergereiht an ihrem ganzen Kopf, ihren Haaren, ihren Ohren, an ihrem Hals und an ihren Fingern glänzten und deren Wert sich auf vierzig Millionen Sesterz summierte; sie selbst war auf der Stelle bereit, diese Kaufsumme anhand von Urkunden zu belegen. Und dieser Schmuck war keineswegs ein Geschenk des verschwenderischen Kaisers gewesen, sondern ihr grossväterliches Erbe, aus der Plünderung der Provinzen, wie man ja weiss, gescheffelte Reichtümer. Das war nun das Ergebnis jener Raubzüge durch die Provinzen, das war es, weswegen jener Marcus Lollius, nachdem er durch die Geschenke der Könige im ganzen Orient in Verruf gekommen war und der ihm anvertraute Gaius Caesar, der Sohn des Augustus, ihm die Freundschaft aufgekündigt hatte, schliesslich zum Giftbecher greifen musste: dass sich seine Enkelin mit vierzig Millionen Sesterz bedeckt im Lichtglanz der Leuchter sehen lassen konnte!»

Kunst, die sich verbirgt

Im dritten, an das schöne Geschlecht gerichteten Buch der Ovidischen «Liebeskunst» findet sich unter den Kunstregeln der Haartracht und Haarpflege am Ende eine überraschende Empfehlung, die auf den ersten Blick allen Regeln der «Kunst» im eigentlichen Sinn geradewegs zuwiderzulaufen scheint. Zuvor hatte Ovid im einzelnen dargelegt, welche Haartracht zu welchem Mädchen passe; nun schliesst er:

«Auch vernachlässigt steht das Haar vielen: oft glaubst du, es liege
  noch von gestern, und doch: eben erst ist es gekämmt. Zufall scheine die Kunst...»

«Vernachlässigt», sagt Ovid, stehe vielen das Haar? Durchaus nicht, im Gegenteil: «eben erst ist es gekämmt» – nur hat das kunstsinnige, kunstfertige Mädchen, ihre arglosen Verehrer an der Nase zu führen, die kunstvoll geschaffene Ordnung raffiniert hinter kunstvoll arrangierter Wirrnis versteckt: *«Ars casu similis»,* «Zufall scheine die Kunst...»

In der zarten, feinen Künstlerlegende von dem Bildhauer Pygmalion und seinem Elfenbeinmädchen hat Ovid später in seinen «Metamorphosen» die vollendete Erscheinung einer Kunst, die ihr Wesen des Geordneten, Künstlichen unter dem Schein des Zufälligen, Natürlichen verbirgt, mit wenigen Worten in klassischer Prägnanz gekennzeichnet. Aus schneeweissem Elfenbein hat Pygmalion mit «glücklicher Hand» und «staunenswerter Kunst» das Bildwerk eines Mädchens geschaffen, so schön, «wie von Natur kein weibliches Wesen heranwachsen kann»:

«Ganz einem wirklichen Mädchen gleicht sie; du glaubst fast, sie lebe,
ja sie wolle, verböte die Scheu es nicht, eben sich rühren:
So tief verbirgt sich die Kunst in der Kunst...»

«Ars adeo latet arte sua...», «So tief verbirgt sich die Kunst in der Kunst...» – angesichts dieses Versteck- und Vexierspiels mag einem die bekannte Künstleranekdote vom Malerwettstreit des Parrhasios und des Zeuxis in den Sinn kommen, die uns in der enzyklopädischen «Naturgeschichte» des älteren Plinius überliefert ist:

«Von seinem weniger bekannten Kollegen und Rivalen Parrhasios zu einem öffentlichen Wettstreit in der Kunst herausgefordert, enthüllte der berühmte Zeuxis vor dem versammelten Publikum ein Gemälde, auf dem reife Weintrauben dargestellt waren, und hatte sogleich den erstaunlichen Erfolg, dass einige Vögel auf die Bühne geflogen kamen, um daran zu picken. Parrhasios selbst stellte darauf ein Gemälde mit einem gemalten Vorhang auf, der so täuschend wahr wiedergegeben war, dass der vom Urteil jener Vögel stolzgeschwellte Zeuxis ihn ungeduldig aufforderte, doch endlich den Vorhang wegzuziehen und sein Bild vorzuzeigen. Als Zeuxis seinen Irrtum erkannte, soll er seinem Rivalen mit aufrichtiger Beschämung den Sieg zuerkannt haben: er selbst habe ja nur die Vögel getäuscht, Parrhasios hingegen in ihm sogar einen Künstler.»

Ein viertes Mal begegnet uns diese vollendete Kunst, die wie jenes raffinierte Mädchen aus der Liebesschule des Ovid im leicht zerzausten Aufzug der Natur daherkommt, einige Jahrzehnte später bei Quintilian und damit nicht ganz zufällig in einer Kunstübung, die Platon einmal abschätzig der Kosmetik zur Seite stellt: in der Rhetorik. Natürlich muss der Redner durchweg darauf bedacht sein, die rhetorischen Kunstmittel seiner Überzeugungskraft zu verhehlen, um nicht Misstrauen und Widerstand gegen eben diese Kunstmittel zu erwecken; doch in seinem «Handbuch der Rhetorik», in dem Kapitel über das Gedächtnis, gibt der erfahrene Professor seinen jungen Studenten noch eine besonders raffinierte Empfehlung auf den Weg, ihre Reden ein wenig *à la Ovid* zu frisieren:

«Jeder Richter hat mehr Bewunderung und weniger Zurückhaltung gegenüber einem Plädoyer, das er nicht von langer Hand für die Verhandlung vorbereitet wähnt. Darum gilt es vornehmlich bei Reden vor Gericht als eine der hauptsächlichen Kunstregeln zu beachten, dass wir gewisse einzelne Teile unseres Plädoyers, die wir stilistisch und rhythmisch aufs sorgfältigste ausgearbeitet haben, geradeso vortragen, als wären sie aus dem Stegreif und aufs Geratewohl gesprochen, und dass wir uns dabei zuweilen, gleichsam noch in Gedanken und Zweifeln befangen, den Anschein geben, als suchten wir die Formulierungen erst noch, die wir doch bis ins Einzelne ausgearbeitet und dem Gedächtnis eingeprägt mitgebracht haben.»

Make-up, Maske, Maskerade

«Spielst du den Jüngling uns vor, Laetinus, und färbst dir die Haare,
  gibst dich als Raben jetzt aus – warst du nicht eben ein Schwan?
Alle betrügst du wohl nicht; Proserpina kennt dich als Graukopf:
  sie reisst die Maske dir bald, schwarz oder weiss, vom Gesicht.»

«Lug und Trug ist dein Haarschmuck, Phoebus, ein Machwerk aus Schminke:
  aufgemalt nur ist die Pracht, die deinen Glatzkopf bedeckt.
Du brauchst für deinen Kopf den Coiffeur nicht zu bemühen:
  dich zu scheren, genügt, Phoebus, ein einfacher Schwamm.»

«Schwarze Zähne hat Thaïs, Laecania schneeweisse zu zeigen.
  Kunststück: das eigne trägt die, die ein gekauftes Gebiss.»

«Der auf dem Ehrenplatz da oben zu Tisch liegt,
die Drei-Haar-Glatze nachgezogen mit Schminke,
und sich das Hängemaul mit Stäbchen durchstochert,
blufft, Aefulanus: Zähne hat der längst nicht mehr.»

«Zähne und Haare schon trägst du ganz schamlos vom Visagisten.
  Was machst du jetzt mit dem Aug', Laelia? Das führt er nicht.» *Martial*

«... wo mich der Schuh drückt»

Als Lucius Aemilius Paullus im Frühsommer des Jahres 168 v. Chr. den Makedonenkönig Perseus innert zweier Wochen bei Pydna vernichtend geschlagen, das Stammreich Alexanders des Grossen endgültig den Römern unterworfen und schliesslich seine Legionen und eine unermesslich reiche Beute sicher nach Italien zurückgebracht hatte, wünschte er sich, von des (griechischen) Gedankens Blässe angekränkelt und ob solcher Erfolge die Missgunst der Götter fürchtend, der unausweichliche Umschwung des Glücks möge eher ihn und sein Haus als den römischen Staat treffen. Und die Götter schienen sein Gebet zu erhören: Fünf Tage vor dem prächtigen dreitägigen Triumph über Perseus im Spätherbst des gleichen Jahres starb sein zwölfjähriger jüngerer Sohn aus seiner zweiten Ehe, und drei Tage nach dem Triumph folgte ihm der vierzehnjährige ältere in den Tod nach. Damit war der Name der Familie vollends erloschen; denn auch die erste Ehe des Lucius Aemilius Paullus mit Papiria hatte die Hoffnungen des Gatten und Vaters nicht erfüllt. Nach mehreren Jahren hatte Aemilius die scheinbar glückliche Verbindung aufgelöst und die beiden Söhne, die Papiria ihm geboren hatte, noch im Kindesalter den Fabiern und Corneliern zur Adoption übergeben; der jüngere der beiden ist nachmals als Publius Cornelius Scipio Aemilianus Africanus Numantinus hochberühmt geworden. Die Beweggründe für den schmerzlichen Entschluss zur Trennung nicht nur von der Gattin, sondern zugleich auch von den Söhnen lagen in persönlichen Schwierigkeiten. Plutarch illustriert die Entscheidung drei Jahrhunderte später in seiner Biographie des Lucius Aemilius Paullus mit der folgenden Anekdote:

«Ein Grund für die Trennung von Papiria ist in der historischen Überlieferung nicht auf uns gekommen, doch die folgende Geschichte, die sich auch auf die Auflösung einer Ehe bezieht, scheint mir ganz die Wahrheit zu treffen: Ein Römer machte Anstalten, sich von seiner Frau zu trennen. Als seine Freunde ihm darauf zu bedenken gaben: ,,Ist sie denn nicht vollkommen anständig? nicht vollkommen schön? Hat sie dir denn nicht Kinder geboren?", hielt er ihnen seinen Schuh hin und erwiderte: ,,Ist denn dieser Schuh hier nicht elegant gearbeitet? nicht nach der neuesten Mode gefertigt? Und doch weiss ja wohl keiner von euch allen, an welcher Stelle er mir den Fuss drückt."»

In seiner reizvollen kleinen Ehefibel für das ihm nahe befreundete neuvermählte Paar Pollianus und Eurydike nimmt derselbe Plutarch die schlagende Erwiderung des von seiner schönen Frau geradeso wie von seinem schönen Schuh gedrückten namenlosen Römers wieder auf und zieht daraus eine Moral, die er, der Rollenverteilung zwischen Mann und Frau in der Antike entsprechend, vornehmlich an Eurydike richtet (was uns heutige Polliani aber nicht hindern soll, sie *mutatis mutandis* auch auf uns zu beziehen):

«So darf sich denn eine Frau weder auf ihre Mitgift noch auf ihre Abkunft noch auf ihre Schönheit verlassen; vielmehr muss sie sich gerade in dem, was sie am stärksten an ihren Mann zu binden vermag, im ganz alltäglichen Umgang und im vertrauten Zusammensein, niemals abweisend und verletzend, sondern einfühlsam und liebevoll zeigen. Denn wie die Ärzte diejenigen Krankheiten, die aus anfänglich unscheinbaren und erst allmählich sich verstärkenden Ursachen hervorgehen, mehr fürchten als diejenigen, die offensichtliche und schwerwiegende Ursachen haben, so führen auch in der Ehe die fortwährenden kleinen, von den Aussenstehenden gar nicht wahrgenommenen täglichen Reibereien viel eher zu einer Entfremdung der Ehegatten und einer Zerrüttung des Zusammenlebens.»

Im Gefolge des Griechen Polybios, der nach dem Sieg des Aemilius bei Pydna als der vornehmste von tausend «Vorgeladenen», sprich Geiseln, nach Rom und in das gleiche Haus kam, in dem der junge, von Publius Cornelius Scipio adoptierte Aemilianus aufwuchs, hat Livius in Augusteischer Zeit den überaus glänzenden Triumph des Aemilius und die ihn düster umrahmenden Leichenbegängnisse seiner Söhne als ein erschütterndes Exempel für die Allmacht der Fortuna und die Ohnmacht des Menschen dargestellt. Nicht minder erschütternd aber erscheinen die Gegensätze im Leben dieses bedeutenden Römers, wenn wir daran denken, dass eben der Mann, der mit seiner überlegenen Feldherrnkunst noch das Weltreich der Makedonen unterwerfen und unstreitig zu den führenden Gestalten seiner Zeit zählen sollte, doch im Allerpersönlichsten dermassen scheiterte, dass er schliesslich mit seiner Frau auch noch seine beiden Söhne für immer aus dem Hause geben wollte.

Zum Programm der feierlichen Leichenspiele, die eben diese Söhne im Jahre 160 v. Chr. für ihren leiblichen Vater veranstalteten, gehörte auch die Uraufführung der Menandrischen «Brüder» in Terenzens lateinischer Version, eine treffliche Ehrung für den hochgebildeten Philhellenen. Als der alte Demea in einem bittern Rückblick auf sein Leben darin die Worte sprach: «Ich habe geheiratet; welches Elend habe ich da erlebt! Die Söhne wurden geboren, eine neue Sorge...», mag sich mancher Zuschauer, und nicht zuletzt die Söhne selbst, für einen Augenblick auch an das unsägliche Elend im Leben dieses so glanzvoll bestatteten Toten erinnert haben.

Ein Collier von Söhnen

In seiner Biographie des athenischen Heerführers und Staatsmannes Phokion, der allen Bestechungsversuchen Alexanders des Grossen widerstand und sich so schon zu Lebzeiten den Ehrentitel «der Redliche» erwarb, hat Plutarch uns beiläufig diese reizvolle Anekdote überliefert:

«Von Phokions Gattin wird der folgende Ausspruch berichtet: Als eine reiche, eitle Ionierin, die in Athen zu Besuch weilte, sich mit dem aus Gold gefertigten, mit Steinen besetzten Schmuck ihrer Haarspangen und Halsketten aufspielte, erklärte sie: ,, Mein Schmuck ist Phokion, der nun schon das zwanzigste Jahr Heerführer der Athener ist."»

Die athenische Anekdote hat ein spartanisches Gegenstück. Das kann nicht verwundern; denn wie Spartas Männer jahrhundertelang ohne steinerne Mauern, so sind Spartas Frauen noch länger ohne goldene Brustwehr ausgekommen; und überdies war ja Phokion ein erklärter Verehrer der spartanischen Lebensführung, so sehr, dass er seinen eigenen Sohn zum Ärger der Athener in Sparta *mores* lernen liess. Wiederum Plutarch hat uns diese spartanische Variante in seinen «Aussprüchen von Spartanerinnen» bewahrt. An die Stelle des kostbaren Schmucks tritt hier ein kostbares Tuch, an die Stelle der stolzen Gattin eine stolze Mutter; doch wie vorher geht die Herausforderung von der vornehmen Fremden aus dem sprichwörtlich üppigen Ionien aus:

«Als eine vornehme Ionierin ein kostbares Gewebe rühmte, das sie mit eigener Hand verfertigt habe, erwiderte die Spartanerin, auf ihre vier wohlgestalten Söhne weisend: ,,Solcher Art ist das Werk, dessen eine anständige Frau sich vor anderen rühmen darf."»

Noch ein drittes Mal begegnet uns die Anekdote, nun aus der griechischen Welt in die römische übertragen, unter den von Valerius Maximus gesammelten «Denkwürdigen Taten und Worten». Wer immer es war, der das stolze, stille Wort erst der Athenerin und dann der Spartanerin schliesslich der Cornelia, der Mutter der Gracchen, in den Mund gelegt hat – er hat eine glückliche Hand bewiesen; in dieser römischen, jüngsten Version ist die Anekdote erst eigentlich bekannt geworden:

«Als Cornelia, die Mutter der Gracchen, einmal eine vornehme Kampanerin bei sich zu Gast hatte und diese ihr stolz ihren Schmuck vorführte – die herrlichsten Stücke, die man zu jener Zeit haben konnte –, hielt sie die Besucherin eine Zeitlang im Gespräch hin, bis ihre Söhne aus der Schule nach Hause kamen; dann erwiderte sie ihr: „Diese hier sind meine Schmuckstücke."»

Eine römische Muttertags-Story

Hätten die alten Römer wie wir heute Muttertag oder Vatertag feiern wollen, sie hätten wohl der vergöttlichten Pietas ein Opfer gebracht. Eine Tugend so römisch wie nur irgendeine, ist diese *pietas* schier unübersetzbar. Sie gilt den Unsterblichen und den Sterblichen, die uns im weiteren und im engeren Sinn das Leben gestiftet haben: *pius* ist, wer Ehrfurcht vor den Göttern, und ebenso, wer Ehrfurcht vor den Eltern hat.

In ihrem sagenhaften trojanischen Stammvater Aeneas haben die Römer das mythische Exemplum solcher *pietas* gesehen. In den Falten seines Gewandes die ehrwürdigen Hausgötter Trojas, die tönernen Penaten, und auf den Schultern den gelähmten greisen Vater aus Brand und Mord rettend, erwirbt sich Aeneas den Ehrentitel des *pius,* den Vergils «Aeneis» noch vor seinem Waffenruhm nennt.

Dieser hohen, ins Göttliche aufragenden *pietas* des Stammvaters Aeneas tritt in der Stiftungslegende des Pietas-Tempels, der im frühen 2. Jahrhundert v. Chr. am Südrand des Marsfeldes errichtet wurde, die schlichtere *pietas* einer unbekannten Frau aus dem einfachen Volk gegenüber. Der ältere Plinius erzählt die Legende im 7. Buch seiner «Naturgeschichte»:

«Hervorragende Beispiele der *pietas* hat es gewiss auf der ganzen Welt unzählige gegeben, doch in Rom eines, mit dem alle diese anderen sich nicht vergleichen lassen. Eine junge Frau, aus niederem Stand gebürtig und daher namentlich nicht bekannt, hatte die Erlaubnis erhalten, ihre zum Hungertod verurteilte Mutter im Kerker zu besuchen. Jedesmal wurde sie vom Gefängniswärter vorher peinlich genau durchsucht, dass sie nicht irgendwelche Nahrung mitbrächte, doch schliesslich dabei überrascht, wie sie ihre Mutter an ihren Brüsten nährte. Auf diese wunderbare Tat hin beschloss man, der Pietas der Tochter das Leben der Mutter zu schenken und den beiden Frauen auf Lebenszeit den Unterhalt zu gewähren. Der Ort der Tat aber wurde der vergöttlichten Pietas geweiht und an der Stelle des Gefängnisses unter den Konsuln Gaius Quinctius und Manlius Acilius ein Tempel der Pietas errichtet, dort, wo jetzt das Marcellustheater steht.»

Tatsächlich wurde der Pietas-Tempel von Manlius Acilius Glabrio in der Schlacht bei den Thermopylen gegen Antiochos III. im Jahre 191 v. Chr. gelobt und von dessen gleichnamigem Sohn im Jahre 181 v. Chr. geweiht; anderthalb Jahrhunderte später musste er dem von Caesar begonnenen, von Augustus vollendeten Marcellustheater weichen, dessen mächtige Arkadenreihen bis heute zwei Stockwerke hoch aufrecht stehen. Doch wer wird sich darüber wundern, dass der römische Volksglaube jenes rührselige wirkliche und wahrhaftige Ammenmärchen, in dem die Tochter die Mutter an ihrer Brust ernährt und ihr so die Aufzucht mit gleichem vergilt (und das übrigens aus dem griechischen Legendenschatz ererbt ist), beharrlich mit der Stiftung des Pietas-Tempels verband, bis der ältere Plinius es schliesslich als das Musterbeispiel der *pietas* in sein «*Book of Records*» aufnahm? Mit dem jammererregenden Schicksal der dem Hungertod geweihten Mutter in der Todeszelle, mit der ebenso hingebenden wie widernatürlichen Tat der Tochter, mit der schlauen Überlistung des Wärters, der scheinbar alles verderbenden Entdeckung und der alles rettenden Begnadigung war die Geschichte vom düsteren Anfang bis zum Happy-End zu schaurig schön, um nicht wieder und wieder erzählt zu werden – was gäbe unsere heutige Boulevardpresse für eine solche Story und ihre Schlagzeilen!

Storchenliebe

Das einstmals so beliebte, heute fast vergessene Ammenmärchen vom Storch, der mit seinem langen Schnabel die Babies aus dem Brunnen fischt, um sie alsbald den überraschten Eltern wickelfertig frei Haus zu liefern, ist in der Antike noch nicht bekannt, und wir wissen auch nicht, wer wann wo in späterer Zeit dem Storch diese alberne Babylift-Geschichte angehängt hat. Wohl aber war der Storch auch in der Antike den Eltern ein glückverheissender Vogel: seit alter Zeit galt er als Sinnbild der Liebe und Fürsorge, mit der die Kinder den Eltern und überhaupt die Jungen den Alten die Aufzucht entgelten. Das älteste Zeugnis für diese «Storchenliebe» lesen wir in den «Vögeln» des Aristophanes: Als der aufsässige Sohn namens *Patraloias,* «Daddykiller», seinen Vater erwürgen und beerben will, erteilt der Staatsgründer Pisthetairos ihm eine Lektion aus dem Storchenkodex:

«Wohl! Doch da gibt es bei uns Störchen ein Gesetz –
Ein uraltes, es steht im Storchenspiegel –:
,,Wofern ein Storchenvater alle seine Störchlinge
Solange, bis sie flügge sind, ernähret hat,
So sollen jene selbigen, die Jungen,
Den Vater wiederum ernähren..."»

Von Aristophanes im 5. Jahrhundert v. Chr. bis zu den Kirchenvätern im 5. Jahrhundert n. Chr. ist die Legende von der Altersfürsorge der Störche immer wieder bezeugt. Man konnte ohne weiteres, wie der Platonische Sokrates es am Schluss des ersten «Alkibiades» ironisch tut, von der «Storchenliebe» oder auch dem «Storchenbrauch» sprechen, und in einer selbst für die bildsame griechische Sprache gewagten Wortprägung konnte man sagen, statt dass ein Junger einem Alten die Aufzucht, die Lehre oder sonst eine Wohltat «entgelte», dass er sie ihm «entstorche».

Die volkstümliche Überlieferung, in der sich wohl der enge Zusammenhalt der Storchenfamilie zumal in der Zeit der Aufzucht spiegelt und geradezu umkehrt, ist aus der griechischen Welt ungeschmälert in die römische übergegangen. Auf einer Goldmünze des Triumvirn Marcus Antonius erscheint der Storch als Begleiter der Pietas, jener römischen «Frömmigkeit», die mit der Ehrfurcht vor den Eltern beginnt. In einer Versreihe, in der Petron den Starmimen Publilius Syrus wohl eher parodiert als zitiert, heisst der Storch einmal *pietaticultrix* – das rühmende Beiwort kommt so gravitätisch daher wie der Gerühmte selbst –; und in einer Aesopischen Fabel, die der Römer Babrius in griechische Verse gefasst hat, nennt der Storch sich selbst «das ehrfürchtigste unter allen Tieren», da er seinen alten, kranken Vater wie eine Amme füttere und pflege.

Kein Wunder, dass die Legende diesen so menschlich denkenden und handelnden Vogel am Ende vollends zum Menschen gemacht hat. Wenn die alljährlich fortziehenden und wiederkehrenden Vögel nach einem langen Storchenleben ein hohes Storchenalter erreicht hätten, erzählt Alexander von Myndos im 1. Jahrhundert n. Chr., so flögen sie schliesslich hinüber auf die Ozeanischen Inseln und verwandelten sich dort in Menschengestalt, und dieses, fügt Alexander hinzu, sei der «Siegespreis» für die zeitlebens den Eltern erwiesene Ehrfurcht und Fürsorge.

Bis weit in die Neuzeit hinein ist die schöne Legende von der *pia avis,* dem «ehrfürchtigen Vogel», der seine alten, schwachen Eltern wie eine Amme füttert und pflegt, noch lebendig geblieben. In der Sinnbildkunst des 16. und 17. Jahrhunderts findet sich mehrfach das Bild eines solchen Storchs, der seinen alten Vater auf dem Rücken durch die Lüfte trägt wie weiland jener «ehrfürchtige Aeneas» den gelähmten Anchises durch das brennende Troja. Erst die jüngste Zeit hat die viele Jahrhunderte alte, ursprünglich vielleicht ägyptische Überlieferung, die aus der griechischen und der römischen Zeit ins Mittelalter und in die Renaissance übergegangen ist, nicht mehr lebendig erhalten. Wozu auch? Wir haben ja unsere Versicherungen. Merkwürdig nur, dass noch keine davon den «frommen» Storch zu ihrem schwarzweissen, klappernden Maskottchen erkoren und dem klassischen Sinnbild ehrfürchtiger Altersfürsorge damit zu einem zeitgemässen Fortleben verholfen hat.

Frauen-Demo vor dem Senat

Als italienische Archäologen vor gut einem halben Jahrhundert ein weiteres Bruchstück der einst am Augustusbogen auf dem Forum Romanum angebrachten Konsulnliste, der sogenannten *Fasti Capitolini*, zutage förderten und darauf den Namen des Zensors des Jahres 272 v. Chr., eines Lucius Papirius Praetextatus, entzifferten, mag im Kreise der Ausgräber ein belustigtes Lächeln umgegangen sein. Auf dem Marmorfragment trat den Archäologen, Historikern und Philologen ein alter Römer zum erstenmal als ein ehrwürdiger Magistrat gegenüber, den sie bis dahin nur als einen gewitzten Knaben gekannt hatten, und mehr noch: einer, dessen Ehrentitel *Praetextatus* sich einmal nicht auf politische oder militärische Erfolge, sondern auf einen grandiosen Lausbubenstreich gründete. Die mit einem Purpursaum verbrämte *Toga praetexta* ist seit alters das Amtsgewand der höchsten römischen Magistraten vom Ädil bis zum Zensor gewesen; doch auch die freigeborenen römischen Knaben trugen die gleiche purpurgesäumte *Praetexta*, bis ihnen im Alter von vierzehn, fünfzehn oder sechzehn Jahren die *Toga virilis*, die «Männertoga», verliehen wurde. Auf diese Knabentoga geht der ehrende Beiname jenes Lucius Papirius *Praetextatus* zurück, der sich viele Jahre, ehe er sich die *Praetexta* des Zensors erwarb, schon in der *Praetexta* des Knaben einen Namen gemacht hat. Aulus Gellius, ein vielseitig gebildeter Literat des 2. Jahrhunderts n. Chr., hat die vergnügliche Ursprungsgeschichte dieses Beinamens, die der alte Cato in einer seiner damals noch erhaltenen Reden erzählt hatte, in seinen «Attischen Nächten» nacherzählt:

«In früherer Zeit bestand bei den römischen Senatoren der Brauch, dass die Väter ihre heranwachsenden Söhne zu den Sitzungen in die Curia mitnahmen. Einmal war im Senat ein gewichtigeres Traktandum beraten und dann auf den folgenden Morgen vertagt worden, und die Senatoren hatten vereinbart, über den Gegenstand der Beratung nach aussen nichts verlauten zu lassen, bevor sie am folgenden Tag zu einem Beschluss gekommen seien. Am Abend erkundigte sich die Mutter des jungen Papirius, der zusammen mit seinem Vater in der Curia gewesen war, bei ihrem Sohn, was die Senatoren denn in der Sitzung behandelt hätten. Der Knabe erwiderte, er müsse darüber Stillschweigen bewahren und dürfe nichts verraten. Die Frau wird dadurch nur noch begieriger, die Neuigkeit zu hören; die Geheimhaltung der Sache und die Verschwiegenheit des Knaben reizen ihre Neugier, weiter zu forschen, und so bedrängt sie ihn mit ihren Fragen immer erregter und heftiger. Kurzentschlossen nimmt der Knabe schliesslich, von seiner Mutter derart in die Enge getrieben, Zuflucht zu einer feinen, köstlichen Notlüge: Er erklärt, bei der Beratung im Senat sei es darum gegangen, ob es im Interesse des Staates geraten erscheine, dass inskünftig entweder jeweils ein Mann zwei Frauen oder umgekehrt eine Frau zwei Männer haben solle. In dem Augenblick, in dem die Mutter das hörte, sprang sie, von Entsetzen gepackt, auf und stürzte in heller Erregung aus dem Haus zu den anderen Frauen. Am nächsten Morgen versammelte sich eine grosse Menge von Frauen vor dem Senatsgebäude; unter Weinen und Flehen baten sie, dann solle doch eher eine Frau mit zwei Männern als ein Mann mit zwei Frauen verheiratet sein. Unter den Senatoren, die währenddessen in die Curia eintraten, herrschte zunächst grosse Verwunderung; niemand wusste, was für ein Aufruhr da unter den Frauen entstanden war und was diese merkwürdige Forderung bedeutete. Schliesslich trat der junge Papirius in die Mitte des Sitzungssaales vor und berichtete, wie seine Mutter ihn mit ihren Fragen bedrängt hatte, wie er am Ende ihre Neugier befriedigt hatte, und so die ganze Geschichte, wie sie tatsächlich gewesen war. Der Senat rühmte überschwenglich die Verlässlichkeit und die Geistesgegenwart des Knaben, beschloss aber, dass die heranwachsenden Söhne der Senatoren von der Zeit an ihre Väter nicht mehr zu den Senatssitzungen in die Curia begleiten dürften, mit der einzigen Ausnahme dieses Papirius; darüber hinaus wurde der Knabe später noch mit der Verleihung des Beinamens *Praetextatus* geehrt, um der Klugheit im Schweigen wie im Reden willen, die er schon im Alter der *Praetexta* gezeigt hatte.»

Pflugscharen statt Schwerter

«Als ich aus Spanien und Gallien nach erfolgreichen Unternehmungen in diesen Provinzen im Konsulatsjahr des Tiberius Nero und des Publius Quintilius nach Rom zurückkehrte, beschloss der Senat, aus Anlass meiner Rückkehr auf dem Marsfeld einen Altar des Augusteischen Friedens zu weihen, auf dem die Magistraten und die Priester und die Vestalischen Jungfrauen alljährlich ein Opfer darbringen sollten.» Mit diesen Worten berichtet Augustus in seinem politischen Testament von der Ehrung, die der Senat ihm mit der Weihung der *Ara Pacis Augustae,* des «Altars des Augusteischen Friedens», erwies. In den Jahren 16–13 v. Chr. hatte der Prinzeps persönlich die Verwaltung der spanischen und gallischen Provinzen neu geordnet; im Jahre 15 v. Chr., vor gerade zweitausend Jahren, hatten seine Adoptivsöhne Tiberius und Drusus noch das angrenzende helvetische Alpenvorland eingenommen und dabei *en passant* am unteren Ende des «Zürich»-Sees einen Stützpunkt mit Namen *Turicum* eingerichtet.

Der zur Feier seiner Heimkehr gelobte Altar der Friedensgöttin fand seinen Platz auf dem Marsfeld an der Via Flaminia, dort, wo heute hinter dem Palazzo Montecitorio die *Via in Lucina* auf den Corso zuläuft; nach der Vollendung des mit Reliefschmuck reich ausgestatteten Altars zu Beginn des Jahres 9 v. Chr. wählte man zum Tag der Weihung und damit überhaupt zum Tag des Friedens den Geburtstag der Livia, der *First Lady* des Reiches: den 30. Januar. Der Eintracht, dem Wohl des römischen Volkes und wieder dem Frieden hatte Augustus im Jahr zuvor drei kleinere Altäre geweiht; nach den blutigen Bürgerkriegen, die ein volles Jahrhundert lang das ganze Reich erschüttert hatten, schien sich nun unter dem Prinzipat des Augustus die ungeheure Friedenssehnsucht der Zeit zu erfüllen. In einer Halle seines Forums stellte Augustus damals ein Gemälde des Apelles zur Schau, das den Kriegsgott mit rücklings gefesselten Händen zeigte, und in dem gleichen Bild der gefesselten Kriegsfurie gipfelt die Vision der «Goldenen» Augusteischen Zeit, die wir im 1. Buch der Vergilischen «Aeneis» lesen:

«Enden werden die Kriege, die rauhen Zeiten sich mildern.
... Geschlossen mit festen eisernen Riegeln
werden die grässlichen Pforten des Krieges. Unheiliger Wahnsinn
hockt über grimmigen Waffen, mit hundert ehernen Banden
rücklings gefesselt, und knirscht, der grause, blutigen Mundes.»

In seinem Kalendergedicht, den *«Fasti»*, hat Ovid am Ende des 1. Buches, da er vom beweglichen Fest der Aussaat beziehungsreich zum Fest des Friedens am 30. Januar übergeht, das Lob des Augusteischen Friedens und seiner Stifter gesungen (was dem Dichter selbst freilich seinen persönlichen Frieden mit dem Prinzeps nicht hat bewahren können):

«Krieg war lange das Handwerk der Männer: das Schwert war ihr Werkzeug
   statt der Pflugschar, der Stier räumte dem Streitross das Feld.
Kelle und Kralle verkamen; zu Wurfspiessen wurden die Rechen,
   und in der Esse des Schmieds wurde die Hacke zum Helm.
Dank sei den Göttern und Dank deinem Haus! In Ketten gefesselt

liegt euch unter dem Fuss längst schon bezwungen der Krieg.
Komme der Stier denn unter das Joch, die Saat unters Brachfeld;
 Frieden trägt üppige Frucht, Frucht ist des Friedens Geschöpf. ...
Selbst hat uns so das Gedicht zum Altar des Friedens geleitet;
 ihm ist der zweitletzte Tag unseres Monats geweiht.
Stolz mit Lorbeer von Actium bekränzt die geflochtenen Haare,
 Friedensgöttin, erschein, freundlich gesinnt aller Welt!
Fehlt uns der Feind, so fehle nur auch der Grund zu Triumphen:
 Du bist den Führern ein Ruhm, herrlicher noch als der Krieg.
Waffen trage das Kriegsvolk allein noch zur Wehr gegen Waffen,
 einzig zum festlichen Zug rufe die Tuba das Heer.
Zittre vor uns Aeneaden die Welt, die nächste und fernste –
 doch an die Stelle der Furcht trete die Liebe zu Rom!»

Mag auch eine Friedensgöttin, die wie diese Augusteische mit Siegeslorbeer bekränzt ist und den «befriedeten» Völkern allein noch die Wahl zwischen Furcht und Liebe lässt, nicht die unsrige sein; mag auch das eine oder andere Wort in diesen Ovidischen Versen ominös und durchaus nicht ganz zufällig die Erinnerung an einen späteren 30. Januar wecken – zur Pflugschar statt des Schwertes, zum Friedensruhm statt des Kriegsruhms, zur Liebe statt der Furcht werden auch wir uns mit jener Augusteischen Zeit gern bekennen.

Interview mit Janus

Als der römische Dichter Ovid am Anfang seines Kalendergedichtes und zum Anfang des Kalenderjahres nach alter Sitte den doppelköpfigen Janus, den Gott aller Eingänge und Ausgänge, anrief, geschah das Unerhörte: Der eher poetisch als kultisch angerufene Gott erscheint leibhaftig vor dem erschreckten Dichter, dem sich die Haare vor Entsetzen sträuben, die Brust in Eiseskälte erstarrt, und stellt sich ihm bereitwillig zu einem exklusiven Interview. Rasch gefasst nutzt Ovid die gebotene Chance; wir zitieren aus dem denkwürdigen Frage- und Antwortspiel zwischen Dichter und Gott den Abschnitt, der sich mit den traditionellen römischen Neujahrsgaben – Datteln, Feigen, Honig und dem Neujahrsgeld – beschäftigt:

«Janus verstummte; doch ich verharrte nicht lange in Schweigen;
    an die Antwort des Gotts schloss meine Frage ich an:
„Was bedeuten zu Neujahr die Datteln und runzligen Feigen,
    was der Honig im Krug, den man zum Feste sich schenkt?"
„Glückverheissend ist euch", sagte er, „ihr Geschmack für das Leben:
    dass sich, begonnen so süss, so süss erfülle das Jahr."
„Warum man Süsses sich schenkt, versteh' ich jetzt; sage mir nun noch,
    warum das Neujahrsgeld? Dass mir auch dies nicht entgeht."
Janus lachte und sprach: „So schlecht kennst du dein Jahrhundert?

Honig, so süss er auch sei, meinst du, sei süsser als Geld?
Kaum bin ich einst in Saturnischer Zeit einem Menschen begegnet,
dem nicht ein jeder Gewinn honigsüss hätte geschmeckt.
Jetzt aber ist die Gewinnsucht ins Riesenhafte gewachsen;
kaum weiss sie noch, wohinaus es mit ihr fortgehen soll.
Mehr gilt jetzt der Besitz als einst, zu den Zeiten der Alten,
als noch arm war das Volk, neu noch gegründet die Stadt,
als eine niedrige Hütte den Marssohn Quirinus noch fasste,
Lagerstatt, kärglich genug, Schilfrohr vom Tiber ihm bot.
Jupiter konnte kaum aufrecht stehen, so eng war sein Tempel,
und in des Donnerers Hand drohte ein tönerner Blitz.
Laub schmückte damals das Kapitol, so wie jetzt edle Steine,
und seine Schafe trieb selbst noch der Senator aufs Feld.
Nicht empfand Scham, wer im Stroh erquickende Ruhe gefunden,
auf eine Handvoll Heu müde gebettet das Haupt.
Recht sprach ein Prätor dem Volk, der noch zu pflügen gewohnt war;
schuldig war schon, wer auch nur *ein* Plättchen Silber verbarg.
Aber seitdem die Fortuna der Stadt ihr Haupt stolz erhoben

und mit dem Scheitel zuhöchst Rom an die Götter gerührt,
wuchsen zugleich der Besitz und zugleich die blinde Besitzgier –
    wer schon das meiste besass, strebte am meisten nach mehr.
Blindlings erwirbt man, verbraucht, erwirbt man neu das Verbrauchte;
    während sie wechselt, ernährt jegliches Schlechte die Sucht.
Was heute gilt, ist das Geld: der Besitz verleiht Ämter und Würden,
    Freunde verschafft der Besitz, arm giltst du allemal nichts.
Und da fragst du mich noch, was das Neujahrsgeld euch bedeute,
    was an dem stumpfen Metall in eurer Hand euch so freut?
Bronze schenkte man einst; jetzt gilt Gold als das bessere Omen,
    schon gab das alte Stück Geld sich von dem neuen besiegt.
Auch uns Götter erfreuen, so sehr wir die alten auch schätzen,
    goldene Tempel: ihr Glanz steht einem Gotte wohl an.
Ja wir loben die alten, doch leben in unseren Zeiten:
    Beiderlei Sitte gebührt Ehre in gleicherlei Mass!"»

So doppelköpfig der Gott, so doppeldeutig die Rede: Der nostalgische, alles verklärende Rückblick auf die gute alte Zeit löst sich auf in augenzwinkerndes Einverständnis mit der Gegenwart; am Schluss der scheinbar so strengen Moralpredigt an eine profit- und konsumsüchtige Wohlstandsgesellschaft steht ein Augurenlächeln und ein verhüllender Ausgleich. Macht sich Janus am Ende noch lustig über den Marssohn Romulus auf seinem Schilflager, den Göttervater mit seinem tönernen Blitz? Lächelt er über den Senator mit seinen Schafen, den Prätor hinter dem Pflug? Der doppelköpfige Gott redet – wen wundert's? – mit zwei Zungen und drückt dabei doch nur den inneren Widerspruch einer Kulturpolitik aus, die den Römern das einfache Leben der «Alten», den *mos maiorum,* predigte und zugleich Rom, wie Augustus selbst stolz vermerkte, aus einer «Ziegelstadt» in eine «Marmorstadt» verwandelte. Ovids Herz schlug für die neue Zeit. Einige Jahre früher, in seinem Lehrgedicht für junge Liebende, hatte Ovid nach einer recht respektlosen Verspottung der «rohen Einfachheit» der alten Zeit, der «steifleinenen Hemden» der Andromache und der «strohgedeckten Curia» des Königs Tatius, im eigenen Namen freimütig bekannt:

«Andre beglücke das Alte! Ich schätze mich, jetzt erst zu leben,
    glücklich: unsere Zeit ist meinem Leben gemäss.»

«Mühsal eroberte alles...»

Mit einer Parole wie «Arbeit für alle» hätte ein antiker Politiker, selbst ein römischer Volkstribun, nicht viel Staat machen können. Unter den Glücksgütern der Antike findet sich wohl die «Musse», die *scholé* oder das *otium*, die Zeit, über die einer frei verfügen kann, doch nicht die Arbeit, die solcher «Musse» vielmehr als «Unmusse», als *ascholía* oder *negotium*, entgegensteht. Bezeichnenderweise steht in Martials kleinem, feinem Katalog der Dinge, «die das Leben glücklicher machen», unter den äusseren Glücksgütern an erster Stelle keineswegs ein gesicherter Arbeitsplatz mit gutem Salär, sondern «ein Vermögen, ererbt, nicht schwer erworben» – was dem Dichter ebenso bezeichnenderweise prompt die Kritik eines modernen Interpreten eingebracht hat: die «Ablehnung eines arbeitsamen Lebens» sei durchaus nicht zu billigen. Nein, die Antike hat in der Arbeit kein erstrebenswertes Gut, sondern ein notwendiges Übel gesehen. «*Ascholúmetha, hína schólazomen*», sagt Aristoteles: «Wir sind unmüssig, um müssig zu sein» oder, mit Verzicht auf das präzise Paradox: «Wir arbeiten, um Freizeit zu haben.» Die «Unmusse» ist um der «Musse» willen da, nicht umgekehrt.

Die Goldene Zeit des Weltaltermythos, den wir zuerst bei Hesiod und dann vor allem bei Ovid lesen, kennt die Arbeit noch nicht: «Wie die Götter» leben die Menschen jener glücklichen Zeit sorglos dahin, «fern und frei von Mühsal»; und «selbsttätig», *automáte*, trägt die unbestellte Erde ihnen überreiche Frucht. Erst in der Silbernen Zeit, unter dem Regiment des Zeus, als diese Spontaneität des Wachstums allmählich verlorengeht, kommen der Ackerbau und die Viehzucht und dann alle die übrigen «Künste» auf; im Stöhnen der Pflugstiere unter dem Joch lässt Ovid die Mühsal der Eisernen, der historischen Zeit sich ankündigen. Hesiod deutet den Rückgang der ursprünglichen Fruchtbarkeit, das Versiegen der natürlichen Nahrungsquellen – sozusagen die Vertreibung aus dem Paradies der Goldenen Zeit – als eine von den Göttern über die Menschen verhängte Strafe: erzürnt über den Betrug des Prometheus bei der Aufteilung des Opfers, habe Zeus den Menschen den Lebensunterhalt entzogen, dass sie fortan «niemals bei Tag ein Ende finden der Mühsal, niemals bei Nacht».

Siebenhundert Jahre nach Hesiod, in Augusteischer Zeit, hat Vergil dieser von Jupiter dem Menschen auferlegten «Mühsal» einen hohen Sinn abgewonnen. Die alte Mythenerzählung aufnehmend und sie umdeutend, lässt Vergil im 1. Buch seiner «Georgica» den Göttervater Jupiter als den Erwecker der Menschheit erscheinen, der das nachgeborene Geschlecht durch auferlegte schwere Sorge, durch Mühsal und Armut erst zu sich selbst kommen lässt:

«... Er, der Vater, wollte es selbst, dass des Landbaus Weg nicht leicht sei; als erster wandte er Kunst an, die Äcker
umzubrechen, und schärfte mit Sorgen die sterblichen Herzen,
duldete nicht, dass sein Reich in Altersträgheit erstarre. Vor ihm in Goldener Zeit bezwang kein Landmann die Fluren,
und nicht einmal, die Felder zu teilen und Grenzen zu ziehen,
galt als Recht; der Erwerb war Gemeingut; und selbst trug die Erde
zu der Zeit, da niemand es forderte, reichere Früchte.
Jupiter lieh den schwärzlichen Schlangen verderblichen Giftschleim,

hiess die Wölfe auf Raub ausgehen, das Meer sich erheben,
schüttelte von den Blättern den Honig, verdrängte das Feuer,
liess die allseits in Strömen fliessenden Weine versiegen,
dass die Erfahrung erfinderisch vielerlei Künste sich schaffe,
langsam, und aus den Furchen sprossendes Korn sich gewinne,
dass aus den Adern des Steins sie verborgenes Feuer sich schlage.
Damals spürten die Flüsse zuerst die schwimmende Erle,
gab der Schiffer zuerst den Sternen Zahlen und Namen,
nannte Plejaden sie, Hyaden, den leuchtenden Bären.
Damals erfand man, das Wild mit Schlingen und Ruten zu täuschen,
lernte man, grosse Wälder mit Hunden rings zu umstellen.
Einer schlägt schon, das Wurfnetz schleudernd, den Strom und versenkt es
bis auf den Grund; durchs Meer zieht ein andrer die triefenden Leinen.
Damals kamen das starrende Eisen, die kreischende Säge
(denn die ersten spalteten noch mit Keilen die Scheite),
damals die vielerlei Künste auf. Mühsal eroberte alles,
unersättlich, und drückend in harten Zeiten die Armut.»

Unaufhaltsam hat sich die Eiserne Zeit, Jupiters Zeit, mit ihrer Mühsal und ihrer Armut des Menschenlebens bemächtigt: das ist der ursprüngliche, eigentliche Sinn dieses vielzitierten «*Labor omnia vicit / improbus*», «Mühsal eroberte alles, unersättlich». Doch schon der spätantike Macrobius stellt dieses Vergilzitat in einem kleinen Katalog geläufiger Vergilworte unmittelbar neben das anklingende «*Omnia vincit amor*», «Alles bezwingt die Liebe», und zitiert es fälschlich wie jenes im zeitlosen Präsens: «*Labor omnia vincit...*», «Mühsal bezwingt alles...» Da hatte die Loslösung des Zitats aus dem Zusammenhang und der Anklang an das nicht minder geläufige andere Zitat offenkundig bereits das verbreitete Missverständnis herbeigeführt. Das neuzeitliche Gymnasium hat dem grossartigen Dichterwort von der Erweckung des Menschen zum Menschen durch die Mühsal der Eisernen Zeit dann vollends und förmlich Flügel verliehen und es sogleich vor seinen eigenen Karren gespannt. In Georg Büchmanns «Zitatenschatz des deutschen Volkes» oder eher des deutschen Gymnasiums finden wir das falsche Vergilzitat «*Labor omnia vincit / improbus*» nach Macrobius so als «Geflügeltes Wort» verzeichnet, und dazu die ebenso falsche Übersetzung «Unablässige Arbeit besiegt alles» – wahrhaftig ein Vergilwort zum Schulgebrauch, wie geschaffen, es in goldenen (oder eisernen?) Lettern übers Schulportal zu setzen.

Wie der Schlaf erschaffen wurde

Mit einer regelrechten Götterfabel ermahnt der zu seiner Zeit gefeierte Redelehrer Marcus Cornelius Fronto den Philosophenkaiser Marc Aurel, in seiner Sommerresidenz in Alsium an der etrurischen Küste «die Grenzsteine von Tag und Nacht» gehörig zu respektieren:

«Als Jupiter das menschliche Leben in seinen ersten Anfängen begründete, soll er unsere Lebenszeit mit einem einzigen Hieb mitten durchschlagen und in zwei allseits gleiche Teile zerspalten haben: den einen Teil habe er in Licht, den anderen in Dunkel gehüllt, sie «Tag» und «Nacht» benannt und der Nacht die Ruhe, dem Tag die Unrast zugewiesen. Damals war der Schlaf noch nicht erschaffen, und alle verbrachten ihr Leben immerwach, doch war ihnen nächtliche Ruhe im Wachen statt des Schlafes angezeigt.

Allmählich erfüllten nun die Menschen, ruhelos, wie sie sind, und stets bereit, alles umzutreiben und umzukehren, die Nächte wie die Tage mit Unrast und wollten der Ruhe keine einzige Stunde mehr zuteil werden lassen. Damals soll Jupiter, als er schon Prozesstermine auf die Nacht anberaumt und die Nächte durch Gerichtsbeschluss vorgeladen sah, zunächst erwogen haben, einem seiner Brüder die Herrschaft über die Nacht und die Ruhe der Menschen zu übertragen. Doch schützte Neptun die vielfältigen belastenden Pflichten vor, die er als Herr der Meere und der Winde zu erfüllen habe, und auch Pluto suchte Ausflüchte: mit der grössten Mühe und Anstrengung könne er ja kaum sein Unterweltsreich in seinen Schranken halten...

Als Jupiter darauf die übrigen Götter der Reihe nach fragte, musste er feststellen, dass das nächtliche Wachen in ihrer Gunst recht hoch rangierte: Juno liess, vernahm er, die meisten Geburten zur Nachtzeit beginnen; Minerva als die Göttin der Schönen Künste sah ihre Jünger gern viel wachen; Mars hatte seine Freude an nächtlichen Ausfällen und Angriffen aus dem Hinterhalt; Venus und Bacchus schliesslich traten am allerentschiedensten für die Nachtschwärmer ein.

Darauf fasste Jupiter den Entschluss, den Schlaf zu erschaffen, und nahm ihn in die Runde der Götter auf, setzte ihn als Herrn über die Nacht und die Ruhe ein und übergab ihm die Schlüssel der Augen. Auch die Säfte der Kräuter, mit denen der Schlaf alle Sorgen der Menschen besänftigen sollte, mischte Jupiter mit eigener Hand; die Kräuter der Entspannung und der Erquickung wurden dazu von den Hainen des Himmels herbeigebracht, von den Gefilden der Unterwelt aber das Kraut des Vergessens auserbeten. Von diesem Kraut des Vergessens mischte Jupiter einen einzigen winzigen Tropfen hinein, so gross wie die Träne eines Heuchlers. „Mit diesem Saft", sagte er, „träufle den Menschen den Schlaf ein durch die Riegel ihrer Augen; und alle werden, so beträufelt, auf der Stelle niedersinken und regungslos, als wären sie tot, daliegen; doch brauchst du um sie dann nicht besorgt zu sein, denn sie werden leben und sich wenig später, sobald sie aus dem Schlaf erwacht sind, wieder erheben."

Darauf heftete Jupiter dem Schlafgott Flügel an, nicht wie dem Merkur an die Schuhe, sondern wie dem Amor an die Schultern. „Denn nicht auf blossen Füssen oder auch mit Flügelschuhen", sagte er, „sollst du vor den Pupillen und Liddeckeln der Menschen daherstürmen, etwa gar mit Wagenrasseln und Pferdeschnauben, sondern sanft und gelinde auf zarten Flügeln wie die Schwalben heranfliegen, nicht wie die Tauben mit den Flügeln klatschen."

Dazu schenkte Jupiter den Menschen, um ihnen den

Schlaf noch erquicklicher zu machen, vielerlei liebliche Träume, je nach den verschiedenen Leidenschaften, die einen jeden gerade fesselten: die vom Theater oder vom Circus Besessenen liess er im Traum ihren Schauspieler sehen, ihren Flötenspieler hören oder ihren Wagenlenker anfeuern; die Soldaten liess er im Traum einen Sieg erringen und die Feldherrn im Traum ihre Triumphe feiern; die über Land und Meer Reisenden liess er im Traum in ihre Heimatstadt zurückkehren. Und diese Träume gehen zumeist in Erfüllung.»

Mit Stentors Stimme

«Von der Schauspielkunst des Satyros beeindruckt, habe sich Demosthenes», so berichtet Plutarch aus älteren Quellen, «einen unterirdischen Übungsraum bauen lassen, der ja noch bis heute erhalten ist, und sei dann regelmässig Tag für Tag da hinabgestiegen, um seinen Vortrag zu üben und seine Stimme zu bilden. Oft habe er diese Übungen auch ununterbrochen zwei oder drei Monate lang fortgesetzt und sich dazu die eine Hälfte des Kopfes kahlscheren lassen, um es sich in Furcht vor dem Spott selbst für den Fall, dass er es wollte, unmöglich zu machen, das Haus zu verlassen. ... Seine körperlichen Mängel suchte er mit folgenden Übungen zu beheben, wie Demetrios von Phaleron bezeugt, der sagt, er habe das hier Berichtete aus dem Mund des Demosthenes selbst gehört, als der schon alt geworden war. Seine undeutliche und fehlerhafte Aussprache habe Demosthenes überwunden und artikuliert, indem er Kieselsteine in den Mund nahm und so seine tragischen Monologe deklamierte; seine Stimme habe er geübt, indem er im raschen Laufen oder im Bergansteigen sprach und mit angehaltenem Atem einzelne Rede- oder Verspartien vortrug. In seinem Haus habe er auch einen grossen Spiegel gehabt und sich bei seinen Vortragsübungen vor ihm aufgestellt und zu ihm hin gesprochen. ... Auch sei er manchmal an die nahe Meeresküste von Phaleron hinuntergegangen und habe seine Darlegungen dort an das Tosen der Brandung gerichtet, um sich derart auch vor dem Volk, wenn die Menge ihn einmal niederschrie, behaupten zu können.»

Die Zeiten ändern sich: Mit einem viertel, halb oder ganz kahl geschorenen, ja rot, blau oder grün gespritzten Kopf kann einer heutzutage unbehelligt ausser Hause gehen; an die Stelle des mannshohen Spiegels sind die Videokamera und der Monitor getreten; vor allem aber: was heute hochempfindliche Mikrophone und wattstarke Lautsprecher dem Redner abnehmen, hatte ein Demosthenes oder ein Cicero noch mit dem eigenen Mundwerk zu leisten. Der Redner der Antike war ja zur Hälfte ein Schauspieler: er hatte seine sorgfältig ausgefeilte Rede ohne Manuskript, ja ohne Stichworte auswendig – und wortgetreu – vorzutragen; er hatte von Kopf bis Fuss mit dem ganzen Körper auf der Redner«bühne» zu agieren; doch alle Mühe der Ausarbeitung, des Auswendiglernens und schliesslich der Darbietung war vergebens, wenn seine Stimme die Zuhörerschaft nicht zu erreichen vermochte.

In der Homerischen «Ilias» sind es – wen wundert's? – die unsterblichen Götter, die am lautesten schreien können: Am Ende des 5. Gesangs schreit die «weissarmige» Hera, da sie ihren kampfesmüden Griechen Schimpf und Schande sagt, «dem Stentor gleich, dem grossherzigen, mit der ehernen Stimme, der so laut zu rufen pflegte wie fünfzig andere», und gleich darauf brüllt der Kriegsgott Ares, von Diomedes verwundet, gar «so laut, wie neuntausend hell aufschreien oder auch zehntausend Männer im Kampf» – ein Homerischer Urschrei, so vital wie das berühmte Homerische Urgelächter. Unter den Sterblichen ist von diesem einen Homer-Vers her der sonst ganz unbekannte Stentor mit dem sprechenden Namen «Schreier» und seiner «ehernen Stimme» zum mythischen Schreihals geworden; die «Stentorstimme» als Bezeichnung für ein lautstarkes Organ ist seit dem 4. Jahrhundert v. Chr. bezeugt.

Einen Nachhall solcher mythischer Stimmgewalt mochte sich ein antiker Redner wie Demosthenes wünschen, wenn er an der Küste von Phaleron gegen die tosende Brandung oder auf der Agora von Athen gegen eine lärmende Volksmenge anredete oder anschrie. Eine Stentorstimme allein machte gewiss noch keinen erfolgreichen Redner, weder vor einem Gericht noch vor dem Volk; doch wer in der Antike als Rechtsanwalt und Politiker Karriere machen wollte, brauchte dazu eine Stimme, die über ein Auditorium von Tausenden hinweg zu tragen vermochte. Wie Demosthenes, der über der Mühsal der Stimmbildung zum ersten Punk im Untergrund wurde, sich mit Kieselsteinen plagte und mit der Brandung um die Wette schrie, hat sich bekanntermassen auch Cicero mit seiner Stimme schwer getan, so schwer, dass er erwägen musste, sich für immer von seiner forensischen und politischen Tätigkeit zurückzuziehen – existentielle Sorgen, die sich heutzutage durch einen kleinen Dreh am Verstärker erledigen liessen.

Ein hübsches Zeugnis für die Stimmgewalt eines römischen Rechtsanwalts, die unter Männern einzig noch von der Stentorstimme eines Auktionators überboten wird, gibt Juvenal in seiner «Weibersatire», dort wo er den unaufhaltsamen Redefluss und die niederschmetternde Stimmgewalt der «literarischen» Frau karikiert:

«Lästiger noch ist die Frau, die sogleich, kaum sitzt sie bei Tische,
ihren Vergil verhimmelt und Didos Freitod entschuldigt,
Dichter zum Wettstreit paart und vergleicht: hier Vergil in die eine
Waagschale legt, dort Homer in die andre. Der Philologe
räumt ihr das Feld, der Rhetor gibt sich geschlagen, und ringsum
schweigt die Gesellschaft: kein Rechtsanwalt spricht mehr, kein Auktionator,
selbst keine andere Frau...»

Wen wir lieben

«Das Pikanteste» an der ganzen meisterhaften «Rhetorik» des Aristoteles hat Jacob Burckhardt in seiner «Griechischen Kulturgeschichte» den Teil des Werkes genannt, in dem der Philosoph, selbst alles andere als ein Rhetor, die Affekte behandelt: «eine förmliche Pathologie des *démos* – der „Masse" –, dessen zornige, mitleidige und ängstliche sowie die entgegengesetzten Bewegungen sortiert werden ... Man darf fragen, was unsere heutigen Räte und Richter sagen würden, wenn eine Anleitung zur politischen und juristischen Praxis solche Kapitel enthielte, und dies alles war ja *notabene* keine Geheimschrift.»

In einem Kapitel dieser «Rhetorik» wendet Aristoteles das Sezierbesteck seines Denkens auch an die «Liebe», wie sie dem (politischen) Freunde gilt, und an den Hass. Von dem warmen Leben und dem grossen Atem, welche die Freundschaftskapitel der «Nikomachischen Ethik» erfüllen, ist diese kalte Zergliederung weit entfernt. Hier geht es um eine niedrigere, aber darum doch nicht simplere Frage: Was muss ein Redner vor der Volksversammlung oder dem Volksgericht von Liebe und Hass wissen, um sich selbst dem Volk kunstgerecht als «Freund» und seinen Gegner ebenso kunstgerecht als «Feind» zu präsentieren? Aristoteles antwortet auf diese Frage mit einem langen Katalog «beliebter» und *vice versa* «verhasster» Rollen, aus denen sich der Redner dann je nach der gegebenen Situation und seinen besonderen Interessen die passende(n) auswählen kann. Vor zweieinhalb Jahrtausenden ist die junge Psychologie im klassischen Athen zur Magd der Politik geworden:

«Welche Menschen wir als unsere Freunde lieben und welche wir als unsere Feinde hassen, und aus welchem Grunde, das wollen wir nun darlegen, indem wir zunächst die Freundschaft und das Lieben definieren. Einen Freund lieben soll also bedeuten: dem Freund alle Glücksgüter wünschen, die einer selbst für solche hält, und dies um des Freundes, nicht um seiner selbst willen, und dazu nach Kräften tätige Beihilfe leisten. Ein Freund aber ist einer, der selbst liebt und wiedergeliebt wird; es betrachten jedenfalls diejenigen einander als Freunde, die annehmen, ein solches Verhältnis zueinander zu haben. Aus diesen Voraussetzungen folgt: ein Freund ist der, welcher sich mitfreut am Glück und mitleidet unter dem Unglück, und dieses aus keinem anderen Grunde als eben um des Freundes willen. Denn wenn das Gewünschte eintritt, freuen wir uns daran; wenn das Gegenteil eintritt, leiden wir darunter, so dass wir an der Freude und am Schmerz unsere Wünsche erkennen können.

Freunde sind demnach auch diejenigen, für welche dieselben Dinge ein Glück oder ein Unglück bedeuten und die mit denselben Menschen befreundet und mit denselben verfeindet sind. Denn diese müssen zwangsläufig jeweils dasselbe wünschen, so dass derjenige, der dasselbe wie sich selbst auch einem anderen wünscht, diesem offenbar befreundet ist.

Weiterhin lieben wir auch diejenigen, die uns Gutes erwiesen haben, sei es uns selbst, sei es denen, die uns nahestehen, zumal wenn sie dieses entweder grosszügig oder bereitwillig oder im richtigen Augenblick oder selbstlos getan haben, und so auch diejenigen, von denen wir annehmen, sie wünschten uns gelegentlich Gutes zu erweisen.

Weiterhin lieben wir die Freunde unserer Freunde und diejenigen, welche dieselben lieben, die wir selbst lieben, und die, welche geliebt werden von denen, die von uns geliebt werden; und entsprechend lieben wir die Feinde unserer Feinde und diejenigen, welche dieselben hassen, die wir selbst hassen, und die, welche gehasst werden von denen, die von uns gehasst werden. Denn für alle diese scheinen dieselben Dinge ein Glück zu bedeuten wie für uns, so dass sie dasselbe wünschen wie wir, was ja das Kennzeichen des Freundes war. ...

Weiterhin lieben wir diejenigen, mit denen wir befreundet zu sein wünschen, für den Fall, dass auch sie diesen Wunsch zu haben scheinen. Solche Menschen sind sowohl die, welche selbst bedeutende menschliche Vorzüge besitzen, als auch die, welche bei anderen ein hervorragendes Ansehen geniessen, sei es bei allen gleicherweise, sei es bei den Besten, sei es bei solchen, die wir bewundern, sei es bei solchen, von denen wir uns bewundert fühlen.

Weiterhin lieben wir diejenigen, die angenehme Gefährten sind, das Leben mit ihnen zu teilen und den Tag mit ihnen zu verbringen. Solche Menschen sind die Verträglichen und Umgänglichen, Menschen, die nicht ständig darauf aus sind, uns irgendeinen Fehler nachzuweisen, sich uns als die Überlegenen zu zeigen und fruchtlose Auseinandersetzungen zu beginnen: denn alle diese sind streitsüchtig, die Streitsüchtigen wünschen aber offenkundig immer das Entgegengesetzte. Solche Menschen sind auch diejenigen, die etwa beim Trinken beweglich genug sind, ein gezieltes treffendes Wort sowohl anzubringen als auch hinzunehmen, denn in beiden Fällen haben sie es ja auf dasselbe abgesehen wie ihre Zechgenossen, ob sie den Spott nun gutmütig selbst einstecken oder schlagfertig anderen austeilen.

Weiterhin lieben wir diejenigen, welche die uns zu Gebote stehenden persönlichen Vorzüge rühmen, und besonders, wenn sie dabei solche nennen, die wir selbst fürchten überhaupt nicht zu besitzen. ...

Weiterhin lieben wir diejenigen, die nicht nachtragend sind und nicht auf ihren Vorwürfen beharren, sondern sich leicht wieder aussöhnen. Denn wie wir annehmen, dass diese sich gegenüber anderen verhalten, so meinen wir, dass sie sich auch uns gegenüber verhalten.

Weiterhin lieben wir diejenigen, die nicht schlecht über andere Menschen reden und die an denen, die ihnen nahestehen, und so denn auch an uns nicht so sehr die schlechten als vielmehr die guten Seiten sehen; denn so handeln Menschen, die selbst gut sind.

Weiterhin lieben wir diejenigen, die uns nicht regelmässig widersprechen, wenn wir uns erzürnen oder ereifern; denn solche Menschen sind streitsüchtig.

Weiterhin lieben wir diejenigen, die uns in irgendeiner Weise anzuerkennen scheinen, etwa in der Weise, dass sie unsere Fähigkeiten bewundern oder dass sie unseren sittlichen Ernst schätzen oder dass sie unsere Gesellschaft geniessen, und erst recht, wenn ihre Anerkennung solchen Bereichen gilt, in denen wir am ehesten bewundert werden oder als ernsthaft oder als unterhaltsam angesehen werden möchten.

Weiterhin lieben wir diejenigen, die uns gleichgestellt und gleichgeartet sind und die gleiche Tätigkeit haben wir wir, vorausgesetzt, dass sie uns dabei nicht als lästige Mitbewerber und Konkurrenten in die Quere kommen und zumal nicht ihren Lebensunterhalt mit der gleichen Tätigkeit verdienen. Denn in diesem Fall gilt bald das Dichterwort: „Feind ist der Töpfer dem Töpfer (und Feind der Zimmerer dem Zimmerer, Neider der Bettler dem Bettler, und so auch der Sänger dem Sänger)."

Weiterhin lieben wir diejenigen, die nach den gleichen Dingen streben wie wir, auch hier wieder vorausgesetzt, dass diese Dinge jeweils beiden gleichzeitig zuteil werden können. Im anderen Fall kommt es auch hier rasch zu jenem „Feind ist der Töpfer dem Töpfer...".

Weiterhin lieben wir diejenigen, zu denen wir in einem derartigen Verhältnis stehen, dass wir auf der einen Seite vor ihnen hinsichtlich unseres eigenen Ansehens in der Gesellschaft keine Scham zu empfinden brauchen, ohne dass wir auf der anderen Seite diese wiederum um ihres Ansehens in der Gesellschaft willen geringschätzen müssten. Und auch diejenigen, vor denen wir hinsichtlich eines wahrhaftig schämenswerten Vorkommnisses auch wahrhaftig Scham empfinden würden.

Weiterhin lieben wir diejenigen, denen wir nacheifern, sowie diejenigen, von denen wir uns wünschen, dass sie uns nacheifern, ohne uns zu beneiden.

Weiterhin lieben wir diejenigen, denen wir bereitwillig zu diesen oder jenen Vorteilen verhelfen möchten, sofern nur uns selbst daraus nicht irgendwelche grösseren Nachteile erwachsen.

Weiterhin lieben wir diejenigen, die in gleicher Weise gegenüber den Abwesenden wie gegenüber den Anwesenden ihre Freundschaft bewähren; daher lieben wir alle ja auch die, die sich in gleicher Weise gegenüber den Toten wie gegenüber den Lebenden als Freunde erweisen. Und überhaupt lieben wir die Menschen, die sich mit besonderer Hingabe ihren Freunden widmen und sie unter keinen Umständen vernachlässigen. Denn unter allen, die sich in irgendeiner Tätigkeit auszeichnen, gilt unsere Liebe vor allem denen, die sich in der Freundschaft auszeichnen.

Weiterhin lieben wir diejenigen, die nicht darauf angewiesen sind, sich uns gegenüber als besonders bedeutend aufzuspielen; solche Menschen sind die, die es über sich bringen, ganz offen auch von ihren eigenen Fehlern zu sprechen. . . .

Schliesslich lieben wir diejenigen, die uns nicht erschreckend und einschüchternd entgegentreten, sondern denen wir ohne Furcht, ja mit Zutrauen begegnen können; denn niemand liebt jemanden, den er fürchtet.»

Ghostwriter und Psychotherapeut

«... ein Mann, der keinem Athener seiner Zeit an männlichem Wert nachstand, meisterhaft im Durchdenken der Dinge und, was er dachte, auszudrücken; vor dem Volk trat er aus freien Stücken nicht auf noch sonst vor Gericht, sondern blieb der Menge unheimlich wegen der ihm nachgesagten Redekraft; aber jeder, der sich verantworten musste vor Gericht und vorm Volk, konnte von ihm wie von keinem anderen Einzelnen ratsuchend die meiste Hilfe empfangen.»

Die rühmenden Worte stehen bei dem griechischen Historiker Thukydides, der in den letzten Jahrzehnten des 5. Jahrhunderts v. Chr. die Geschichte des Peloponnesischen Krieges geschrieben hat, und sie gelten dem attischen Landsmann und Zeitgenossen Antiphon, den Thukydides an der zitierten Stelle, in der Chronik des Jahres 411 v. Chr., als den *Spiritus rector* der oligarchischen Partei in Athen würdigt: kein anderer als Antiphon habe den Umsturz, der die herabgekommene Diäten-Demokratie vollends beseitigte und an ihrer Stelle das oligarchische Regime der «Vierhundert» aufrichtete, von langer Hand geplant und vorbereitet.

Geboren um das Jahr 480 v. Chr., das Epochenjahr der Seeschlacht von Salamis, im attischen Rhamnus, war dieser Antiphon nur wenige Jahre jünger als Gorgias von Leontinoi, der *Grand Old Man* der damals noch jungen Rhetorik. Viele Jahre lang hatte Antiphon als ein allseits hochangesehener Redelehrer und Redenschreiber in der attischen Metropole gewirkt – und war nach einer durchaus nicht unglaubwürdigen Überlieferung auch der Lehrer des Thukydides gewesen –, ehe er im Alter von nahezu siebzig Jahren angesichts der ausweglosen politischen Lage erstmals seine politische Zurückhaltung aufgab und sich offen für die oligarchische Sache engagierte. Es war sein Unglück: Noch im gleichen Sommer 411 v. Chr. wurde das radikale Regime der «Vierhundert» von dem gemässigten der «Fünftausend» abgelöst und sein Wegbereiter Antiphon des Hochverrats angeklagt; selbst eine brillante Verteidigungsrede, die der Rhetor in eigener Sache hielt und die Thukydides als «die beste bis auf meine Zeit» preist, konnte ihn nicht vor dem Todesurteil und der Hinrichtung retten.

Anderen hatte Antiphon besser helfen können als sich selbst. Ältere Gewährsmänner, die Plutarch ein halbes Jahrtausend später in seinen «Biographien der zehn (attischen) Redner» zitiert, bezeugen uns, Antiphon habe seinen Mitbürgern, wenn sie solcher Hilfe bedurften, Plädoyers für die Verhandlungen in den Gerichten ausgearbeitet, ja sogar: er habe sich «als erster» dieser Tätigkeit zugewandt. Das attische Prozessrecht schrieb vor, dass Kläger und Beklagter, Ankläger und Angeklagter ihre Sache vor Gericht persönlich zu vertreten hätten, doch nicht, dass sie ihre Plädoyers auch eigenhändig abzufassen hätten – welch ein Markt tat sich da auf! Juristisch und rhetorisch versierte «Logographen», «Redenschreiber», lieferten den Prozessparteien fortan kunstgerecht und vortragsfertig ausgefeilte Manuskripte, die der Kläger oder der Beklagte nur noch auswendig zu lernen brauchte.

Doch Antiphon war nicht nur der erste Ghostwriter; Plutarchs Lebensskizze stellt ihn des weiteren auch als Tragödiendichter und – *last, not least* – als den ersten Psychotherapeuten vor. Mochte dies letzte für Antiphon selbst auch Episode bleiben; uns Heutigen scheint gerade dies das Interessanteste. Plutarch berichtet:

«Während Antiphon sich noch mit der Tragödiendichtung beschäftigte, entwickelte er zugleich eine neue Technik, auch seelische Leiden zu überwinden, in dem gleichen Sinne, wie den körperlich Leidenden die ärztliche Kunst zu Gebote steht. Zunächst richtete er sich in Korinth, gleich am Markt, eine Praxis ein und machte im voraus durch Anschläge bekannt, er verfüge über eine Technik, die seelisch Leidenden durch die Kraft seiner Worte zu heilen. Als darauf die Klienten sich einstellten, fragte er sie eingehend nach den Ursachen ihres Leidens und suchte die Unglücklichen dann durch seinen tröstenden Zuspruch zu ermutigen. Da Antiphon jedoch den Rang dieser neuen Technik geringer einschätzte, als es seinen Fähigkeiten entspreche, gab er diese Tätigkeit dann wieder auf und wandte sich fortan der Rhetorik zu.»

Wenn die junge rhetorische Technik eines Gorgias es vermochte, in der Öffentlichkeit Meinungen zu bilden und gar aus dem Unrecht der «schwächeren Sache» das Recht der «stärkeren Sache» zu machen, warum sollte dann nicht diese jüngste psychotherapeutische Technik es vermögen, den Einzelnen in seiner seelischen Not zu trösten und ihm etwa gar einen Unglücksfall als Glücksfall erscheinen zu lassen?

Jacob Burckhardt zitiert diese «Anekdote», wie er sie nennt, in seiner «Griechischen Kulturgeschichte», nicht ohne sich über Antiphons «Trostbude» und seine «trauerstillenden Vorträge» vernehmlich zu mokieren, als das «allersprechendste» Zeugnis für die «Macht des Redegeistes» in jenem 5. Jahrhundert v. Chr. «Man frage sich», ruft er am Ende aus, «wem in unserer Zeit ein solcher Gedanke kommen könnte!»

Eine Kunst des Vergessens

Dem lyrischen Dichter Simonides von der Kykladeninsel Keos schreibt eine alte Überlieferung die Erfindung der systematischen Gedächtnisschulung zu, die später in der Rhetorik noch zu grosser Bedeutung gelangen sollte. Eine feinsinnige Anekdote knüpft sich daran; sie stellt dem Dichter Simonides bereits den Redner Themistokles gegenüber, der zuerst in der Seeschlacht von Salamis die Freiheit der Griechen rettete und schliesslich, durch das Scherbengericht der Athener verbannt, am Hof des Perserkönigs Zuflucht suchen musste. Wir lesen diesen Ausspruch des Themistokles nicht wie die bekannteren bei Plutarch, sondern bei Cicero:

«Simonides – oder wer sonst es gewesen sein mag – versprach einmal dem Themistokles, ihn die Kunst des Sich-Erinnerns zu lehren. „Lieber lernte ich", erwiderte Themistokles, „die Kunst des Vergessens. Denn ich erinnere mich ohnedies an vieles, an das ich mich gar nicht erinnern möchte, und ich kann vieles nicht vergessen, das ich sehr gern vergessen möchte."»

Sibyllinische Verkaufspsychologie

Ganz und gar «lächerlich» nennt Aristoteles einmal die Vorstellung von Göttern, die irgendeinen Warenhandel oder etwa Geldgeschäfte betreiben. Hermes, der Gott der Diebe und Händler, hat sich in der diebischen Kunst von klein auf selbst geübt, den gewöhnlichen Handel und Wandel aber uns Sterblichen überlassen, und auch Ares, der Kriegsgott, erklärt sich für Verkaufsstrategie, Verkaufstaktik und derlei «Kanonen» nicht zuständig. Bei den niederen und zumal den unteren Göttern geht es in diesen Dingen schon menschlicher zu. Der Unterweltsfährmann Charon, der die Seelen der Verstorbenen über die Styx setzt, fordert seit alters ein Fährgeld, einen Obolus für die einfache Fahrt; und die Cumäische Sibylle, die einst den Irrfahrer Aeneas in die Unterwelt geleitete, bewährt sich später als ein wahres Verkaufsgenie. Aus «alten Geschichtsbüchern» überliefert Aulus Gellius uns die folgende Erzählung; sie berichtet, wie diese Sibylle Tarquinius dem «Stolzen», dem letzten der römischen Könige, die «Sibyllinischen Bücher» verkaufte:

«Ein altes Weib, das in Rom fremd und unbekannt war, suchte König Tarquinius Superbus auf und legte ihm neun Bücher vor, die, wie sie einmal ums andere versicherte, göttliche Orakel seien; die wolle sie verkaufen. Tarquinius Superbus erkundigte sich nach dem Preis der Bücher. Die Frau forderte eine viel zu hohe, unerhörte Summe, und der König lachte sie aus, als sei das alte Weib nicht mehr recht bei Verstande. Darauf stellte sie ein Herdchen mit Feuer vor ihm auf, verbrannte drei Bücher von den neunen und fragte den König, ob er nun die übrigen zu dem gleichen vorher geforderten Preis kaufen wolle. Aber da lachte Tarquinius noch viel mehr und sagte, jetzt habe die Alte ohne Zweifel vollends den Verstand verloren. Darauf verbrannte die Frau vor seinen Augen sogleich drei weitere Bücher und forderte ihn noch einmal freundlich auf, nun die restlichen drei Bücher zu dem gleichen unerhörten Preis zu kaufen. Da zeigte der König schon eine ernstere Miene und einen wacheren Sinn; er verstand, dass er diese Festigkeit und Sicherheit nicht leichthin übergehen dürfe, und kaufte die drei restlichen Bücher zu dem um nichts verringerten Preis, der vorher für alle neun gefordert war. – Diese Frau ist, nachdem sie damals von Tarquinius fortgegangen war, erklärtermassen später nirgends mehr gesehen worden. Die drei Bücher wurden im Allerheiligsten des Tempels verwahrt und die „Sibyllinischen" genannt; an diese Bücher wenden sich seither wie an ein Orakel die Fünfzehnmänner, sooft die unsterblichen Götter von Staats wegen zu befragen sind.»

Drei Jahrtausende vor Sigmund Freud und Vance Packard präsentiert sich die antike Unterweltsführerin hier als eine klassische «geheime Verführerin», wohlbewandert nicht nur im Tartaros und im Elysium, sondern auch in der Unterwelt der Kundenseele. Wie die Cumäische Sibylle den römischen König mit der Verbrennung der drei und wieder drei Bücher verunsichert, wie sie in ihm verborgene Seelenängste wachruft und dazu noch frische Schuldgefühle erregt, um dem so Verstörten dann mit den Büchern zugleich Sicherheit und Entsühnung zu verkaufen, wie sie bei alledem geduldig Hohn und Spott ihres königlichen Kunden hinnimmt, bis diesen angesichts der verkohlten Orakel schliesslich das blanke Entsetzen befällt – da könnten wohl selbst die sprichwörtlich berüchtigten Propagandisten der vielbändigen *Encyclopaedia Britannica* noch etwas lernen.

«Ich kann aufhören, wenn ihr wollt»

Nicht aufs Jahr, doch aufs Jahrzehnt genau zwei Jahrtausende ist es her, dass Gaius Asinius Pollio, jener in Vergils 4. Ekloge angeredete Konsul des Jahres 40 v. Chr. und später, nach seinem Rückzug aus der Politik, der erste bedeutende Förderer der Augusteischen Literatur, in Rom die Autorenlesung aus eigenen Werken eingeführt hat. So wenig Glück dieser «Mäzen» vor Maecenas mit der Überlieferung seiner eigenen Werke gehabt hat – nur wenige Fragmente sind auf uns gekommen –, so erfolgreich ist er mit dieser Erneuerung des Literaturbetriebs gewesen. In einer Zeit, in der jeder halbwegs gebildete Römer Verse schrieb, was die Feder hielt – mit Horaz: «zweihundert auf einem Bein stehend» –, wurde die Dichterlesung sogleich zur Plage des Jahrhunderts. Zugleich mit einem geistigen Forum der Begegnung zwischen Autor und Publikum hatte Asinius Pollio einen allezeit florierenden Jahrmarkt der Eitelkeit geschaffen, auf dem die Hundertschaften der Hobby-Dichter wenn schon nicht dauernden Ruhm in der Nachwelt, so doch den Beifall der Zeitgenossen fanden. Der lesende Dichter wurde zum Schrecken der römischen Gesellschaft – und zugleich zur Zielscheibe satirischer Pointen:

«Wie den Mann, der mit Krätze geplagt wär, oder mit Gelbsucht,
oder der heiligen Wut vom Zorn der Diana geschlagen,
fürchten ihn anzurühren und fliehn den rasenden Dichter
alle Verständgen. – Ein Kinderspott, umschwärmt von verwegnen

Gaffern, stolziert der Guck-in-die-Luft und rülpst seine Verse,
fällt auch vielleicht, wie der Vogeler tat, der Merlen gewittert,
jählings ins Wasserloch ...
... Wie der Waldbär,
der vor der Grube die Stangen zertrümmerte, treibt der verruchte
Versabhaspeler Klug und Unklug beide zu Paaren.
Wen er erwischt, den packt er und liest, liest weiter und weicht ihm
nicht von der Haut, Blutegel, der anklebt, bis er sich vollsog.» *Horaz*

«Vielfach möchten wir uns ja den Anschein geben, etwas zu wollen, das wir in Wirklichkeit ganz und gar nicht wollen. Da brachte kürzlich ein Geschichtsschreiber sein Werk zur Lesung herbei, ein Riesenopus, die Buchrollen in kleinster Schrift beschrieben, auf engstem Raum aufgedreht; und nachdem er dann einen beträchtlichen Teil davon vorgelesen hatte, erklärte er: „Ich kann aufhören, wenn ihr wollt." Alles ruft ihm zu: „Lies weiter, lies weiter!" – während sein Publikum doch nichts lieber wünschte, als dass er an eben dieser Stelle verstumme.» *Seneca*

«Ob sich der Sonnengott einst, Ligurinus, vom Mahl des Thyestes
    abkehrte, weiss ich nicht; wir kehren von deinem uns ab.
Üppig ist deine Tafel, gewiss, und besetzt mit erlesensten Speisen;
    doch rezitierst du dazu, schmeckt mir von alledem nichts.

Nicht will ich Heilbutt zum Mahl und nicht die zwei Pfund schwere Barbe,
 Champignons will ich nicht, Austern nicht – eines nur: schweig!»
Martial

«Eine ausserordentliche Freude habe ich kürzlich empfunden, als ich mich entschlossen hatte, die nun vollends ausgefeilte Rede auf den Kaiser im Freundeskreis nochmals vorzutragen. Ich hatte meine Freunde gar nicht einmal mit einem besonderen Schreiben oder einem Programm zu der Lesung eingeladen, sondern sie nur leichthin mit einem ,,wenn es ihnen gerade gelegen komme" oder ,,wenn sie gar nichts anderes zu tun hätten" darauf hingewiesen; in Rom aber hat man niemals gar nichts anderes zu tun und kommt es einem niemals gerade gelegen, jemanden vortragen zu hören. Trotzdem, und obwohl obendrein noch das scheusslichste Wetter herrschte, kamen sie an zwei aufeinanderfolgenden Tagen zu der Lesung zusammen, und als meine Zurückhaltung dem Vortrag dann schliesslich ein Ende setzen wollte, forderten sie, dass ich noch einen dritten Tag zugeben solle, und erreichten es auch . . .»
Plinius der Jüngere

«Wo in der Welt ist ein Ort, so trostlos, so öd und verlassen,
den du nicht lieber wähltest als ständig zu zittern vor Bränden,
Hauseinstürzen und tausend andern Gefahren der wilden
Bestie Rom und den selbst im August noch lesenden Dichtern?»
Juvenal

Begegnungen höherer Art

Sozusagen eine Begegnung der vierten Art schildert uns der jüngere Plinius in einem späten Freundesbrief, eine Begegnung, in der ihn unversehens die Unsterblichkeit selbst zu streifen schien:

«Manchesmal ist es mir bei meinen Reden vor Gericht geschehen, dass die hundert Männer, nachdem sie lange Zeit die Würde und den Ernst ihres richterlichen Amtes gewahrt hatten, plötzlich allesamt, wie besiegt und bezwungen, aufsprangen und Beifall klatschten; manchesmal habe ich mir mit meinen Reden im Senat so grossen Ruhm erworben, wie ich es mir in meinen kühnsten Hoffnungen gewünscht hatte. Und doch habe ich bei alledem noch niemals ein grösseres Glücksgefühl empfunden als kürzlich bei einem Gespräch mit Cornelius Tacitus.

Tacitus erzählte, bei den letzten Zirkusspielen habe ein römischer Bürger aus dem Ritterstand neben ihm gesessen; nachdem sie über die verschiedensten literarischen Fragen ins Gespräch gekommen seien, habe dieser sich schliesslich erkundigt: ,,Kommst du aus Italien oder aus einer der Provinzen?" Tacitus habe geantwortet: ,,Du kennst mich gewiss, jedenfalls aus meinen Schriften." Darauf habe der andere gefragt: ,,Bist du etwa Tacitus oder Plinius?"

Ich kann gar nicht ausdrücken, wie es mich beglückt hat, dass unsere Namen, gerade so als gehörten sie der Literatur, nicht uns Einzelnen an, derart die Literatur selbst bezeichnen können, und wie glücklich ich darüber bin, dass wir, er wie ich, auch solchen Menschen durch unsere Schriften bekannt sind, denen wir auf andere Weise unbekannt sind.

Ein zweites, diesem ersten ähnliches Erlebnis hatte ich

selbst erst vor ganz wenigen Tagen. Bei einer Abendeinladung lag neben mir ein hervorragender Mann, Fadius Rufinus, zu Tische, und neben diesem einer seiner Landsleute, der an jenem Tag zum erstenmal nach Rom gekommen war. Den fragte Rufinus, indem er auf mich deutete: ,,Siehst du unseren Tischnachbarn hier?" und berichtete dann viel von meinen Schriften. Darauf erwiderte jener: ,,Dann ist es Plinius."

Ich will die Wahrheit gestehen: ich empfange für meine Anstrengungen reichen Lohn. Oder darf ich mich etwa, wenn Demosthenes mit Recht Freude darüber empfand, dass eine alte Frau vom attischen Land ihn mit dem Ausruf erkannte: ,,Das ist ja der Demosthenes!", nicht geradeso an der Berühmtheit meines Namens freuen? Ja, ich freue mich daran, und ich bekenne, dass ich mich daran freue. Ich muss ja nicht fürchten, allzu selbstgefällig zu scheinen, wenn ich das Urteil anderer über mich, nicht mein eigenes anführe, am allerwenigsten bei dir, der du niemandem den Ruhm missgönnst und den meinen sogar noch förderst.»

So weit Plinius an Maximus: Menschliches, Allzumenschliches an der Schwelle der Unsterblichkeit. Vielleicht geht auch der folgende kleine Brief an Tacitus selbst, in dem Plinius seine höchsten Hoffnungen, ja Erwartungen an die später Lebenden ebenso kühn wie scheu enthüllt, auf das gleiche beglückende Gespräch mit dem berühmten Historiker zurück:

«Du selbst magst dir keinen Beifall spenden; ich aber schreibe nie aus grösserer Überzeugung, als wenn ich über dich schreibe. Ob die Nachwelt noch irgendeinen Gedanken an uns wenden wird, weiss ich nicht. Wir beide verdienen es gewiss, dass sie es tut – ich sage nicht um unserer Begabung willen (denn das wäre anmassend), sondern um unserer Bemühung, unserer Anstrengung und unserer Achtung vor dieser Nachwelt willen.

Schreiten wir also auf dem eingeschlagenen Wege fort, der zwar nur wenige ans Licht und zum Ruhm emporträgt, aber doch viele über das Dunkel und das Vergessen hinausführt!»

Fortuna Honoraria sive Computatrix, die mutwillige Göttin, hätte unserem Plinius anlässlich eines unter dieser «Streiflichter»-Rubrik zitierten Briefes kürzlich fast ein Autorenhonorar überwiesen – hätte sie diesen Geniestreich doch nur vollendet! Kaum ein anderer antiker Autor hätte über dieses «Streiflicht aus der Zukunft» so tiefe Befriedigung empfunden wie gerade er, und gewiss hätte er von dieser Begegnung der fünften Art sogleich seinem Freunde Tacitus Bericht erstattet:

«Ein ganz unerhörtes, ja fast unglaubliches Vorkommnis ist mir heute früh begegnet. Mein Sekretär legt mir eine Abrechnung vor, die aus dem späten 2. Jahrtausend, aus dem Jahre 1983 – seit Gründung der Stadt? oder seit wann sonst? – datiert ist und in der mir ein Honorar für ein Zitat gutgeschrieben wird. Herrscht Vater Chronos nicht mehr? Kehrt die Zeit ihren Lauf um? Und dann dies: mir, dem Plinius, den du kennst, ein Honorar für ein Zitat! Ich frage meinen Sekretär, woher es komme; er erwidert: „Von den Helvetiern, von der ‚Neuen Zürcher Zeitung'." Ich frage weiter, wo ich zitiert sei; er antwortet: „In den Streiflichtern aus der Antike." Aus der Antike! So werden wir, du und ich, denn dereinst für die später Lebenden sein, was Thukydides und Demosthenes jetzt für uns sind!

So sehr mich dieser unheimliche Einbruch des Zukünftigen in das Gegenwärtige beunruhigt, so sehr mich diese noch ganz ungewohnte Ehrung durch ein Honorar verwirrt, so tief befriedigt, ja beglückt bin ich darüber, dass offenbar auch jene ferne Zeit unsere Literatur zu beurteilen weiss und unsere Schriften, was immer sie in

Wahrheit wert sein mögen, doch des Lesens und Zitierens für wert hält. Ich komme allerdings immer mehr zu der Überzeugung, dass ein Kunstwerk, das in so weit auseinanderliegenden Ländern und so weit voneinander entfernten Zeiten gleichermassen hochgeschätzt wird, hinreichend vollkommen ist. Ich werde der ,,Neuen Zürcher Zeitung'' nächstens einen Brief widmen; wenn sie dadurch einen Anteil gewinnt an der Unsterblichkeit, so sei dieses der Dank dafür, dass sie mich einen Blick voraus in die meine hat werfen lassen. Achte doch auch du einmal etwas genauer auf deine Abrechnungen; denn ich könnte das Glücksgefühl, das mich jetzt erfüllt, einzig noch dadurch steigern, dass ich es mit dir teilen dürfte.»

Schule ohne «scholé»?

Nach Morgentoilette und Morgenspaziergang (von einem Morgenessen ist in der Antike nie die Rede) sollten die Jüngeren den übrigen Vormittag bis zum Mittagessen auf dem *gymnásion,* dem «Sportplatz», verbringen, und ebenso nach Mittagsruhe und Nachmittagsspaziergang den übrigen Nachmittag bis zum Abendessen. So rät der griechische Arzt Diokles von Karystos, nach dem Urteil der Athener ein «jüngerer Hippokrates», in seiner *«Hygieiné díaita»,* einer Art «Fitness-Fibel», im 4. Jahrhundert v. Chr. seinen vornehmeren Zeitgenossen. Mochten die armseligen «Banausen», die Handwerker und Handlanger, den ganzen Vormittag hindurch und gar noch in den Nachmittag hinein arbeiten müssen, um sich ihren Lebensunterhalt zu verdienen – eine in den Augen der Glücklicheren erbärmliche, ja verachtenswerte Existenz –, die *Jeunesse dorée* des klassischen Athen hatte, von solchen äusseren Sorgen unbelastet, vom Morgen bis zum Abend ihre Zeit für sich; sie genoss in Fülle das damals von den griechischen Glückssuchern entdeckte und zumal von Aristoteles präzis definierte kostbare Gut der *scholé,* der «Musse». *Scholé*: das ist die wahrhaft freie, unbelastete Zeit, die nach der Anstrengung für das zum Leben «Notwendige» *und* nach der gebührenden Erholung und Entspannung übrig bleibt, sozusagen der Reingewinn des Lebens; das ist die Zeit, in der einer so recht zu sich selbst und zum Leben kommen kann, in der er, mit dem alten Aristotelischen und neuerdings wieder aktuellen Begriff, «sich selbst verwirklichen» kann.

Wie die älteren Athener im Politisieren und Prozessieren auf dem Marktplatz, der Agora, so fanden die Jüngeren die Erfüllung solcher *scholé* im sportlichen Wettkampf auf den Sportplätzen, den «Gymnasien» – und seit dem fünften Jahrhundert v. Chr. zunehmend auch in der Beschäftigung mit den damals neu aufkommenden Wissenschaften und Pseudowissenschaften. Man drängte sich zum Unterricht der Sophisten, die als die grossen Stars der Zeit mit ihrem Anhang von Stadt zu Stadt zogen und in Athen mit Vorliebe im Haus des reichen Kallias logierten und dozierten, und zahlte ihnen bereitwillig mitunter erhebliche Honorare; und man hörte fasziniert dem Anti-Sophisten Sokrates zu, wie der seinen Gesprächspartnern unter freiem Himmel, mitten auf der Agora oder am Rande der «Gymnasien», sein einzig verlässliches und, wie er meinte, dem Menschen auch einzig gemässes Wissen, das Wissen des Nichtwissens, mitteilte – das war für jedermann und jederzeit und überdies noch ohne jedes Honorar zu haben.

Von solcher griechischer *scholé,* solcher «Musse», ist im Wort wie in der Tat unsere «Schule» ausgegangen. Schon bei Platon und Aristoteles kann *scholé* geradezu den gelehrten Vortrag und die gelehrte Diskussion bezeichnen. Das bedeutungsträchtige Wort hat sich in den zweieinhalb Jahrtausenden seither nicht allzu sehr verändert; in der lateinischen *schola* und den neusprachlichen Formen *scuola, école, Schule, school* ist die alte griechische *scholé* noch unschwer wiederzuerkennen.

Die Schule selbst hingegen ist ihrem ehrwürdigen griechischen Ursprung keineswegs treu geblieben; sie ist längst zu einem guten Teil aus dem Dienst der *scholé,* der «Musse», in den Dienst der *ascholía,* der «Unmusse», übergetreten; sie dient, weiterhin aristotelisch gesprochen, längst nicht mehr allein dem «Schönen», der Selbstverwirklichung des Menschen, sondern mehr noch dem «Notwendigen», der banausischen Sorge um den Lebensunterhalt. «Selbst*zer*wirklichung» schrieb einmal ein nächtlicher Sprayer mit roter Farbe auf den grauen

Asphalt vor der alten Zürcher Töchterschule. Die heutige Schule kann in der Tat nicht mehr wie jene anfängliche *scholé* im Hause des Kallias oder auf der athenischen Agora reine Musse sein; sie bildet ihre Schüler ja auch für das Erwerbsleben aus und ist damit vielerlei äusseren Zwängen unterworfen. Aber zwischen dem Elementarunterricht in der Primarschule und dem Spezialstudium an der Hochschule hat doch wenigstens das «Gymnasium», in dessen Namen das ungezwungene Gespräch am Rande des Stadions oder der Palästra noch nachklingt, die kostbare Chance, eine Schule nicht nur der zum Leben notwendigen «Unmusse», sondern daneben auch einer das Leben erfüllenden «Musse» zu sein. «Überall sogleich nach dem – für Erwerb und Besitz – Nützlichen zu fragen», bemerkt Aristoteles einmal in den bildungspolitischen Erörterungen seiner «Politischen Schriften», «ist eines gross denkenden und überhaupt eines freigeborenen Menschen unwürdig», ist, mit anderen Worten, banausisches, ja sklavisches Denken.

Wahre «Musse» ist freilich ein flüchtiges Gut. Am Anfang des Platonischen Dialogs «Protagoras», der uns den Sophistenbetrieb jener Zeit so köstlich schildert, und somit auch am Anfang des ganzen nach solcher *scholé* benannten Lehrbetriebs, steht eine feine, leicht zu überlesende ironische Wendung. Als Sokrates da am frühen Morgen gemeinsam mit einem blind für Protagoras begeisterten, geradezu nach ihm süchtigen jungen Athener an die Tür des Kallias klopft, bei dem selbst die Speisekammer noch als Sophistenquartier herhalten muss, weist ihn der Pförtner zunächst bärbeissig zurück: «Was? noch mehr Sophisten? Mein Herr hat keine Zeit!» Keine *scholé*? Da war schon dem alten Kallias vor lauter Schule im Haus unversehens die *scholé* verlorengegangen.

Aus der Schule geplaudert

«Als Platon die Definition aufstellte „Der Mensch ist ein Lebewesen mit zwei Füssen und ohne Federn" und dafür gerühmt wurde, rupfte Diogenes einen Hahn, trug ihn in Platons Schule und rief: „Das ist Platons Mensch!" Darauf fügte Platon seiner Definition das Merkmal „mit flachen Fingernägeln" hinzu.

Als irgendein Eierkopf ihm nach den Regeln der Kunst schlüssig bewiesen hatte, dass er Hörner habe, fasste Diogenes sich an den Kopf und sagte: „Ich jedenfalls merke nichts davon." Ebenso gab er's einem andern, der mit Zenon behauptete, es gebe keine Bewegung: er stand einfach auf und spazierte auf und ab. Und wieder einen andern, der sich weitschweifig über astronomische Probleme ausliess, fragte er nur: „Seit wie vielen Tagen bist du wieder zurück aus dem Himmel?"»

bei Diogenes Laërtios

«Ein Schüler hatte eben angefangen, bei Euklid Geometrie zu studieren. Als er den ersten Lehrsatz gelernt hatte, fragte er seinen Lehrer: „Welchen Gewinn werde ich nun davon haben, wenn ich all das lerne?" Da rief Euklid seinen Sklaven und sagte: „Gib ihm drei Obolen; er muss Gewinn schlagen aus dem, was er lernt."»

bei Stobaios

«Ptolemaios I. von Ägypten richtete an Euklid einmal die Frage, ob es zur Geometrie nicht einen kürzeren Weg gebe als das Studium seines Elementarbuches. Euklid erwiderte ihm darauf, zur Geometrie gebe es keine königliche Strasse.» *bei Proklos*

«In seiner Jugend führte Polemon ein völlig ungezügeltes und ungeordnetes Leben. ... Einmal drang er

nach einer durchzechten Nacht aufgrund einer Wette unter den jungen Leuten betrunken und bekränzt in eine Vorlesung des Xenokrates ein, der damals die Akademie leitete. Nicht im geringsten durch den Auftritt abgelenkt, setzte Xenokrates seinen Vortrag in aller Ruhe fort; er sprach gerade von der Selbstbeherrschung. Wie dieser junge Bursche da zuhörte, war er in kurzer Zeit für die Philosophie gewonnen und wurde in der Folge von einem so ungestümen Arbeitseifer ergriffen, dass er bald alle seine Mitschüler übertraf und schliesslich, als Xenokrates starb, die Leitung der Schule übernahm.»
bei Diogenes Laërtios

«Den höchsten Preis für einen Menschen, der im Sklavenstand geboren war, bis zum heutigen Tag erzielte, soweit ich gehört habe, ein Lehrer der Philologie *(sic!)* namens Daphnis; ein Attius aus Pisaurum hatte ihn zum Verkauf angeboten, und Marcus Scaurus, zu seiner Zeit der erste Mann im Staat, erwarb ihn für einen Kaufpreis von 700 000 Sesterz.»
Plinius der Ältere

«Hast du schon gehört, dass Valerius Licinianus jetzt in Sizilien Rhetorik lehrt? Du kannst es, denke ich, noch nicht gehört haben; es ist nämlich eine ganz neue Nachricht. Ein Mann im Range eines Prätors, zählte er eben noch zu unseren brillantesten Rednern vor Gericht; nun ist er so tief gefallen, dass er aus einem Senator zum Verbannten, aus einem Redner zum Rhetor geworden ist. So hat er denn selbst in der Einleitung zu seiner Vorlesung in tiefem Schmerz und Ernst gesagt: ,,Wie mutwillig treibst du, Fortuna, deine Spiele mit uns – dass du aus Senatoren Professoren machst und aus Professoren Senatoren!" In diesem Ausspruch liegt so viel Galle, so viel Bitterkeit, dass ich fast glaube, Licinianus sei einzig darum Professor geworden, um dieses sagen zu können.»
Plinius der Jüngere

«Non vitae, sed scholae discimus»

Von beissendem Sarkasmus zu heiterer Ironie und wieder zu ätzender Kritik wechselt der Ton der bitteren Anklage, die Seneca in mehreren seiner «Briefe an Lucilius» gegen die Lebensferne der Schulphilologie und Schulphilosophie erhebt und schliesslich in der pointierten Formel *«Non vitae, sed scholae discimus»* gipfeln lässt: «Nicht für das Leben, sondern für die Schule lernen wir.» Man meint im Hintergrund das schallende Lachen der thrakischen Magd zu hören, die den klugen Thales, während er zu den Sternen emporschaute, in ein Brunnenloch hinabfallen sah, oder das spitzbübische Gesicht des Diogenes zu sehen, wie der alte Spötter, als irgendein Eierkopf mit Zenon behauptete, es gebe keine Bewegung, einfach aufstand und fortging. Doch Seneca ist kein Aussenseiter; aus seiner Wissenschaftskritik spricht ein tiefer Schmerz über die Entfremdung der Schulweisheit von der Lebensklugheit, wenn er an Lucilius schreibt:

«,,Aber es ist doch etwas sehr Schönes", wirst du einwenden, ,,sich in vielerlei Wissensgebieten auszukennen." Lassen wir denn von der Schulbildung gerade so viel gelten, wie viel notwendig ist. Oder willst du etwa den Mann tadeln, der das Überflüssige vom Notwendigen nicht zu unterscheiden weiss und nichts als kostbare Prunkstücke in seinem Haus zur Schau stellt, und den anderen nicht tadeln, der alle seine Zeit aufwendet für solchen überflüssigen Bildungshausrat? Mehr wissen zu wollen, als einem genug sein kann, ist eine Form der Unmässigkeit. Warum? Weil diese unmässige Bildungssucht uns besserwisserisch, geschwätzig, zudringlich und selbstgefällig macht und uns schon darum nicht mehr das Notwendige lernen lässt, weil wir so viel Überflüssiges gelernt haben. Viertausend Buchrollen hat der Philologe Didymos vollgeschrieben, dem seine Kollegen die Spitznamen *Chalkenteros,* „der mit dem ehernen Gedärm ", und *Bibliolathas,* „der seine eigenen Bücher vergisst", angehängt haben. Ich würde ihn schon bedauern, wenn er so viel Überflüssiges auch nur gelesen hätte. In diesen Büchern werden Fragen wie diese erörtert: aus welcher Vaterstadt der alte Homer gestammt habe, oder: wer die wahre Mutter des Aeneas gewesen sei, oder: ob Anakreon mehr der Wollust oder der Trunksucht gefrönt habe, oder: ob Sappho eine Dirne gewesen sei, und anderes der Art – Dinge, die einer sogleich wieder verlernen müsste, wenn er sie irgendwo gelernt hätte. Da soll nun noch einer kommen und behaupten, das Leben sei nicht lang!»

Zur köstlichen Satire gerät die Kritik an definitorischen Spitzfindigkeiten und syllogistischen Spiegelfechtereien in einem anderen Brief: «„Maus ist eine Silbe. Nun frisst eine Maus Käse; also frisst eine Silbe Käse." Nimm nun einmal an, ich könnte diesen Trugschluss nicht auflösen. Was für eine Gefahr droht mir aus dieser Unwissenheit? Was für ein Nachteil? Ohne Zweifel steht zu befürchten, dass ich nächstens etwa eine Mausefalle aufstelle, um darin Silben zu fangen, oder dass etwa ein Buch, wenn ich nicht aufpasse, meinen Käse auffrisst. Aber vielleicht ist der folgende Schluss noch scharfsinniger: „Maus ist eine Silbe. Nun frisst eine Silbe keinen Käse; also frisst eine Maus keinen Käse." O diese kindischen Torheiten! Dazu legen wir unsere Philosophenstirn in ernste Falten? Dazu lassen wir uns den Philosophenbart wachsen?»

In seinem 106. Brief an Lucilius erörtert Seneca weit ausholend und scheinbar ernsthaft die von seinem jungen Freund aufgeworfene Frage, «ob das Gute ein Körper sei», um am Ende der langen Darlegung plötzlich abzubrechen: «Es sind kindische Spiele, die wir da spielen. An überflüssigen Problemen stumpft sich die Schärfe und Feinheit unseres Denkens ab; derlei Erörterungen helfen uns ja nicht, richtig zu leben, sondern allenfalls, gelehrt zu reden. Lebensweisheit liegt offener zu Tage als Schulweisheit; ja sagen wir's doch gerade heraus: Es wäre besser, wir könnten unserer gelehrten Schulbildung einen gesunden Menschenverstand abgewinnen. Aber wir verschwenden ja, wie alle unsere übrigen Güter an überflüssigen Luxus, so unser höchstes Gut, die Philosophie selbst, an überflüssige Fragen. Wie an der unmässigen Sucht nach allen anderen Dingen, so leiden wir an einer unmässigen Sucht auch nach Gelehrsamkeit: nicht für das Leben, sondern für die Schule lernen wir.»

Wie hätte die «Schule» den Sokratischen Stachel dieser Kritik besser entschärfen können, als indem sie ihn sich einverleibte? So hat sie ihn schon längst kurzerhand in sein Gegenteil verkehrt und zum Programm der Schulbildung, ja oft genug auch zum Epigramm über dem Schulportal erhoben – und für den Alltagsgebrauch leider auch zum klassischen Beispiel für den *Dativus commodi* erniedrigt. In dieser Form hat er denn auch zum Geflügelten Wort werden können: «*Non scholae, sed vitae discimus*», «Nicht für die Schule, sondern für das Leben lernen wir.»

Unter der Kathedersonne

Eine Scherzfrage: Was haben Ferienwochen an der Sonne und ein Schulsemester hinter Büchern gemeinsam? Nichts? O doch: beides färbe auf die Dauer irgendwie ab, sagt da ein Alter, der's wissen sollte, auf die Aussenhaut oder auf das Seeleninnere; freilich: die Sonne verlässlicher als die Schule. In einem seiner späten «Briefe an Lucilius» plaudert Seneca aus der alten Philosophenschule; zu Anfang gedenkt er seines Lehrers Attalos:

«Attalos hat uns diese Grundregel genannt, damals, als wir seine Schule geradezu belagerten und als die ersten kamen, als die letzten gingen. Ja selbst während er sinnend im Schatten der Säulenhalle auf und ab schritt, forderten wir Schüler ihn noch zu irgendwelchen Streitgesprächen heraus, und er ging nicht nur bereitwillig darauf ein, sondern kam uns darin sogar noch entgegen. „Der gleiche Vorsatz", pflegte er zu sagen, „muss sowohl beim Lehrenden als auch beim Lernenden gegeben sein: dass der Lehrer den Schüler fördern, der Schüler selbst fortschreiten will."

So gross ist die Kraft der Philosophie, dass sie nicht nur denen hilft, die sich engagiert um sie bemühen, sondern auch denen, die sich nur leichthin mit ihr befassen. Wer aus dem Schatten in die Sonne gegangen ist, wird davon etwas Farbe bekommen, auch wenn er gar nicht deswegen hinausgegangen war. Wer sich in einer Parfumerie niedergelassen und etwas länger aufgehalten hat, trägt den Geruch des Ortes mit sich fort. Und wer einmal in die Schule eines Philosophen gegangen ist, hat daraus notwendig etwas gewonnen, das selbst denen noch nützt, die dem Unterricht nur nachlässig gefolgt sind. Versteh mich recht: ich sage „nur nachlässig", nicht „widerstrebend".

„Wie das?" wirst du fragen. „Kennen wir nicht genugsam Schüler, die viele Jahre in einer Philosophenschule versessen und nicht die geringste Färbung angenommen haben?" Wie sollte ich die nicht kennen? Es sind ja die beharrlichsten und sesshaftesten, die ich freilich nicht Schüler eines Philosophen, sondern seine Hinterbänkler nenne. Diese Leute kommen ja nur um zu hören, nicht um zu lernen, so wie wir uns zum Vergnügen ins Theater verlocken lassen, um unsere Ohren an einer Rede, einer Stimme, einer Szene zu erfreuen. Gross, wirst du sehen, ist die Gruppe der Schüler, die in der Philosophenschule nur ein Vergnügungslokal für müssige Stunden erblicken.»

Klassische Erlebnisferien

«In welche Schwierigkeiten uns dieser Kimon in jeder Hafenstadt, an jeder Anlegestelle gebracht hat, da er weder Gebräuche noch Gesetze scheute, muss ich dir erzählen. Um die historischen Stätten zu besichtigen, habe ich Troja besucht und das Land und die Küste durchstreift. Doch von der Fülle des dort Gesehenen will ich, da es für einen Brief einen unerschöpflichen Stoff böte, ganz schweigen; denn ich fürchte, dabei in dichterisch begeisterte Schwärmerei zu verfallen und dir am Ende gar geschmacklos zu scheinen. Von Kimons Bubenstücken und seiner Unverschämtheit jedoch könnte ich, selbst wenn ich zehn Zungen hätte, nicht genug erzählen.

Wir hielten uns bereits viele Tage lang in Troja auf und konnten uns von der Betrachtung der Heroengräber gar nicht losreissen; es war meine Absicht, so lange zu bleiben, bis ich alle Verse der „Ilias" jeweils an der Stätte, von der sie handeln, gelesen hätte. Unversehens war der Festtag gekommen, an dem die meisten dort die Hochzeit ihrer Töchter ausrichten, wenn diese herangewachsen sind, und es waren in diesem Jahr viele, die heiraten sollten. Nun herrscht in der Gegend von Troja der Brauch, dass die Jungfrauen vor der Hochzeit zum Fluss Skamander gehen, sich mit seinem Wasser waschen und dazu mit diesem Wort den Flussgott anrufen: „Nimm, Skamander, meine Jungfernschaft hin!" Unter ihren Altersgenossinnen war da auch ein Mädchen namens Kallirrhoë, von schönem, hohem Wuchs, doch nicht aus vornehmem Hause, zum Fluss gekommen, um sich darin zu waschen. Zusammen mit den Angehörigen der Mädchen und dem übrigen Volk sahen wir aus einiger Entfernung dem Fest und dem Bad der Jungfrauen zu, soweit uns Fremden dieses gestattet wurde. Unser grossartiger Kimon aber versteckte sich derweilen im Ufergebüsch des Skamander und bekränzte sich mit Schilf; du kannst dir denken, dass der Handstreich und Hinterhalt, den er sich zu dem Fest ausgedacht hatte, jener Kallirrhoë galt. Als diese sich am Flusse wusch und dabei, wie ich später hörte, das übliche Gebet sprach: „Nimm, Skamander, meine Jungfernschaft hin!", sprang unser Skamander-Kimon aus dem Gebüsch hervor und rief: „Mit Freuden empfange ich und ergreife ich Kallirrhoë – ich, Skamander, und will dir viel Gutes erweisen!" Und während er sprach, riss er schon das Mädchen an sich; das Weitere blieb uns verborgen.

Keineswegs jedoch blieb der Anschlag überhaupt verborgen. Vier Tage später gab es einen Festzug für Aphrodite; die Neuvermählten nahmen an der Prozession teil, und auch wir sahen uns den Festzug an. Als die junge Frau da auf einmal den Kimon erblickte, der – ohne sich des geringsten Unrechts bewusst zu sein – neben mir zuschaute, warf sie sich ihm zu Füssen und rief darauf, zu ihrer Amme gewendet: „Siehst du nun den Skamander, dem ich meine Jungfernschaft hingegeben habe?" Als die Amme das hörte, schrie sie auf, und der Anschlag wurde bekannt.

Wie ich in die Herberge zurückkam, traf ich da den Kimon, und zornig, wie ich war, nannte ich ihn einen gotteslästerlichen Menschen und sagte, dass wir um seinetwillen nun verloren seien. Der fürchtete sich indessen ganz und gar nicht, schämte sich nicht einmal seiner Tat, sondern verlegte sich darauf, mir lange Geschichten zu erzählen, und kam dabei vom einen auf den anderen, der für seine Freveltat das Rad verdient hätte. Da sei doch vor einiger Zeit in Magnesia, fing er an, das gleiche mit dem Mäander gemacht worden, von einem der jungen Leute dort, und seither und bis heute sei der Vater des

Faustkämpfers Attalos fest überzeugt, dass dieser nicht sein eigener Sohn, sondern der des Flussgottes sei, und so erkläre der sich auch, dass sein Sohn so gut im Fleische und bei Kräften sei. Auch Attalos selbst sage, wenn er einmal viele Schläge einstecken und als Verlierer abziehen musste, dass der Gott ihm zürne, weil er sich als Sieger nicht mit seinem wahren Vatersnamen ausrufen lasse; so sei er nach einer Niederlage nie um eine Entschuldigung verlegen. Auch aus Epidamnos wusste Kimon Ähnliches zu berichten: Da sei doch wahrhaftig ein Musiker einfältig genug zu glauben, dass der Knabe, den irgendein Ehebrecher ihm ins Haus gesetzt hatte, von Herakles stamme. „Ich hingegen", schloss Kimon, „habe gar kein Kind gezeugt, sondern mich nur ein einziges Mal mit diesem schon recht überständigen Mädchen unterhalten, als ich hinzukam, wie es in Begleitung nur einer alten Vettel im Fluss badete. Und im übrigen", fügte er hinzu, „war ich der Meinung, wir sollten hier in Troja, damit die Stätte nicht gänzlich nur von Tragik und Schrecken erfüllt sei, auch etwas Neues erleben und eine kleine Komödie mit dem Skamander aufführen."

Während ich einzig noch darauf wartete zu hören, wie diese unerhörte Unverschämtheit enden werde, war ich, völlig fassungslos, zu Stein erstarrt. Kimon aber schien eben noch eine dritte solche Verführungsgeschichte – ich glaube, von Apollon und Dionysos – anbringen zu wollen, da erblickte ich draussen eine Menschenmenge, die gegen unsere Tür andrang. „Da haben wir's", rief ich, „sie sind schon da, um uns das Haus anzuzünden", und entwich durch irgendeine Hintertür eilends zu Melanippides und von dort am Abend geradewegs zum Meer hinab. Dort angelangt, segelten wir sogleich ab, bei einem unwirtlichen, böigen Sturm, den wohl keiner auf dem Meer erdulden wollte, der nicht vor einem Kimonischen Frevel flieht.

Anfangs meinte ich, dir von diesen Erlebnissen schreiben zu müssen, da du dich noch mehr als ich empören werdest. Du aber wirst, meine ich jetzt, doch wohl nur weidlich darüber lachen.»

Unter dem Namen des Aischines überliefert

Zahlen wie Sand am Meer

Auf 100 Milliarden Sterne schätzen die Astronomen unser Milchstrassensystem, auf 100 Milliarden Galaxien das Universum: das macht, rund gerechnet, 10^{22} Sterne am Himmel. Die Zaubersprache der Zehnerpotenzen macht es uns leicht, die ungeheuren Weiten des Weltalls auf den engsten Raum zusammenzuziehen; wir brauchen dazu weniger Ziffern, als wir Finger an einer Hand haben.

Die alten griechischen Mathematiker und Astronomen hatten es da schwerer. Nicht nur, dass den Griechen die Buchstaben zugleich auch als Ziffern dienten – das erste Drittel des auf 27 Zeichen ergänzten Alphabets bezeichnete, beginnend mit dem Alpha, die Einer, das zweite Drittel vom Iota an die Zehner, das letzte Drittel vom Rho an die Hunderter –; jenseits der Tausend und der Zehntausend, die man wieder als Alpha oder Iota mit speziellem Akzent notierte, gab es kein Zahlwort und keine Ziffer mehr. Bezeichnend ist, dass *mýrioi*, «zehntausend», zugleich auch «unzählige» bedeutet; da schien das Endliche im Unendlichen zu verschwimmen. Durch die Zählung der «Myriaden», der Zehntausender, konnte man noch auf 1 Myriade Myriaden, in moderner Notation: auf 10^8, kommen; danach war Euklid mit seinem Griechisch am Ende.

Der geniale Archimedes, der im 3. Jahrhundert v. Chr. in Syrakus lebte, hat als erster das Zahlenreich weit über diese von der Sprache gesetzte Grenze hinaus erkundet. Mit der gleichen ins «Astronomische» sich versteigenden Kühnheit des Geistes, mit der er einmal ausruft: «Gib mir einen Ort, wo ich stehen kann, und ich verrücke die Erde!», stellt er sich in seinem «Sandrechner» die Aufgabe, den sprichwörtlich unzählbaren «Sand am

Meer», ja den Sand im All zu zählen. So unerhört weit will er in der astronomisch wie mathematisch interessanten kleinen Schrift die Zahlenreihe erstrecken, dass sie die Zahl der Sandkörner nicht etwa nur der Strände von Syrakus, in Sizilien oder überall auf der Welt, sondern einer ganzen, vom innersten Kern bis zu den höchsten Gebirgen aus Sand gebildeten und mit Sand aufgefüllten Erdkugel, ja schliesslich einer ganzen, bis zur Fixsternsphäre von Sand erfüllten Weltkugel übertreffe. Und als sei dies noch nicht genug, legt Archimedes seiner Rechnung nicht das zu seiner Zeit allgemein anerkannte vergleichsweise «kompakte» geozentrische Weltsystem zugrunde, sondern das heliozentrische seines Zeitgenossen Aristarch, des «antiken Kopernikus», das die Fixsternsphäre in weiteste Entfernung rückte.

Das Zahlensystem, mit dem Archimedes nun diese grösste erdenkliche Zahl einzuholen und zu überholen sucht, steigt raketengleich von den vertrauten ersten zehn Zahlen, die jedes Kind an seinen beiden Händen herzählen kann, in schwindelnde Höhen empor. Die Zahlen von 1 bis 1 Myriade Myriaden nennt Archimedes die «ersten Zahlen»: $1, 2 \ldots 10^8$; deren höchste wird zur Einheit der «zweiten Zahlen»: 1×10^8, $2 \times 10^8 \ldots 10^8 \times 10^8$, deren höchste zur Einheit der «dritten Zahlen»: 1×10^{16}, $2 \times 10^{16} \ldots 10^8 \times 10^{16}$, und so fort bis zu den «myriademyriadesten Zahlen»; deren höchste, $10^{800\,000\,000}$, bezeichnet Archimedes als «1 Myriade Myriaden der myriademyriadesten Zahlen». Das ist erst der Anfang. Die Zahlen bis dahin fasst Archimedes zur «ersten Periode» zusammen und lässt dieser eine gleich gegliederte «zweite» und eine «dritte Periode» folgen, und so fort bis zur «myriademyriadesten Periode»; deren höchste Zahl, $10^{80\,000\,000\,000\,000\,000\,000}$, bezeichnet er als «1 Myriade Myriaden der myriademyriadesten Zahlen der myriademyriadesten Periode». Da bricht Archimedes ab;

der alte Aristoteles hätte schon längst bemerkt: «Man muss irgendwo aufhören.»

Und die Sandkörner im All? Ausgehend von einer eher zu gross bemessenen Fixsternsphäre und einer eher zu klein bemessenen Sandkorngrösse kommt Archimedes zu dem Schluss, dass das gesamte All höchstens lumpige 10^{63} Sandkörner enthalten könne – womit die erste seiner Myriade Myriaden Perioden noch kaum angeritzt wäre...

Auf halbem Weg zwischen diesem arithmetischen Alexanderzug in die fernsten Provinzen des Zahlenreichs und jüngsten astronomischen Alexanderzügen in die fernsten Provinzen des Sonnensystems, ja des Universums steht diese Mahnung eines spätantiken alexandrinischen Epigrammatikers, des Palladas:

«Sprich, wie ermisst du die Grösse des Alls, die Grenzen der Erde,
    Winzling – ein klein wenig Lehm bildet dein klein wenig Leib!
Miss und zähle dich selbst erst aus, erkenne dich selbst erst,
    ehe du Mass und Zahl misst des unendlichen Alls.
Kannst du das klein wenig Lehm deines Leibes schon nicht ermessen,
    wie wirst ermessen du je jenes Unmessbaren Mass!»

Ein Brunnenproblem mit Tradition

Unter den in klassisches Griechisch und nicht nur alltäglich prosaisch, sondern festtäglich poetisch eingekleideten arithmetischen Problemen, die im 14. Buch der «*Anthologia Palatina*» zusammengestellt sind, finden sich mehrere, in denen wasserspeiende Brunnenfiguren verschieden starke Strahlen in das gleiche grosse Brunnenbecken ergiessen: gegeben ist, in welcher Zeit jeder Strahl allein das Becken füllt; gefragt ist, in welcher Zeit alle Strahlen zugleich das Becken füllen. Da ist etwa die Bronzestatue eines Polyphem, der nicht nur aus dem Mund und der Hand, sondern auch aus dem kreisrunden Kyklopenauge Wasser speit; die Hand braucht drei Tage, die Brunnenschale zu füllen, das Auge einen Tag, der Mund zwei Fünftel Tage – wie lange brauchen Mund, Hand und Auge zusammen dazu?

Anmutiger als dieser aus drei Rohren zugleich wasserspeiende, -giessende und -spritzende Kyklop stellen sich in einem benachbarten Epigramm die drei Eros-Statuen vor, die jede auf ihre eigene neckische Weise und mit verschieden starkem Strahl ein Badebecken vollspritzen, -giessen und -schiessen:

«Wasserspender, stehen wir hier, drei Eroten, im Bade
und verströmen die perlende Flut ins schimmernde Becken.
Ich zur Rechten, den Strahl aus gebreiteten Schwingen ergiessend,
fülle in nur zwei Stunden das Becken allein bis zum Rande;
der zur Linken aus der Amphore giesst, füllt es in vieren;

der in der Mitte den Strahl vom Bogen versendet, in sechsen.
Sag' mir, in welcher Zeit wohl füllen zu dritt wir das Becken
alle zugleich, aus gebreiteten Schwingen, Amphore und Bogen?»

Eine andere reizvolle Einkleidung des gleichen Brunnenproblems stellt uns statt eines gewöhnlichen Brunnen- oder Badebeckens einen *kratér,* einen «Mischkessel», vor Augen, der nach griechischer und dann auch römischer Trinksitte wenig Wein mit viel Wasser vermischt, einen Automaten, wie er das *conversation piece* eines futuristischen altgriechischen Symposions gewesen sein mag. Zwei Flussgötter, der ägyptische Nil und der griechische Acheloos, spenden das Wasser: der nährende Nil originellerweise aus seinen Brüsten, der gehörnte Acheloos ebenso originell aus seinen Hörnern; den Wein lässt die jugendliche Gestalt des Weingottes Dionysos alias Bakchos eher konventionell aus seinem mit Efeu umwundenen Thyrsosstab in das Mischbecken strömen:

«Welch ein köstlicher Strom sich hier in den Mischkessel dreifach
    aus zweier Flussgötter Quell und dem des Weingotts ergiesst!
Doch nicht gleich schnell fliessen die Quellen; strömte allein er,
    füllte der Nil das Gefäss in einem einzigen Tag:
so viel Wasser entspringt seinen Brüsten; der Thyrsos des Bakchos
    füllte in dreien es auf, er mit berauschendem Wein,
schliesslich dein Horn, Acheloos, in zweien. Jetzt strömt ihr zusammen:
    in einem Bruchteil des Tags giesst ihr es voll bis zum Rand.»

In der Einleitung zum 14. Buch der «*Anthologia Palatina*» hat sich die sozusagen paläo- oder archäo-nostalgische Bemerkung eines spätgeborenen byzantinischen Scholiasten erhalten, er lege diese arithmetischen Epigramme vor, «damit der Leser erkenne, was die Söhne der Alten zu leisten hatten und was die der Neuen». Offenbar ging es mit den Schulleistungen, zumindest in der Mathematik, schon damals von Generation zu Generation bergab. Der ob dieser Entwicklung besorgte Scholiast würde sich freilich wundern, könnte er selbst erkennen, was die Söhne der Allerneuesten zu leisten haben. In der schriftlichen Prüfung zur Aufnahme in die Kantonalen Gymnasien der Stadt Zürich, des Limmattals und des Zürcher Unterlands wurde vor Jahresfrist die folgende Aufgabe gestellt, die sich neben der kyklopischen, erotischen und bakchantischen Algebra der Antike freilich etwas prosaisch nüchtern, ja ernüchternd präsentiert:

«Eine Leitung vermag einen Behälter in 6 Stunden zu füllen. Eine zweite Leitung liefert das Dreifache, während der Ablauf den vollen Behälter in 4,5 Stunden zu leeren vermag. Wie lange dauert es, bis der anfänglich leere Behälter gefüllt ist, wenn beide Zuleitungen und der Ablauf geöffnet sind?»

«*Sine Venere et Baccho friget arithmetica*», sagt so ungefähr ein altes römisches Sprichwort: «Ohne Liebe und Wein friert die Arithmetik.» Sollen wir uns da noch wundern, wenn sie, derart frustriert, beim Füllen den Ablaufhahnen offen lässt?

«Walkman» auf dem Mond

«Walkman» ist im Vormarsch. Allenthalben begegnen einem die von Intimsphärenmusik verklärten Jünger eines neuen Individualismus, kontaktscheu und weltflüchtig, die Kopfhörer über den Ohren, die Kassette im Hüftgurt, dazwischen die feine doppelädrige Kabelschnur, die hier zur Nabelschnur der Geborgenheit im Rock- und Disko-Sound wird. Mitten im wilden und wüsten Trubel, im ohrenbetäubenden Lärm des Forums könne man allein sein, sagten die Alten, und diese Jungen machen es wahr. Von der Hitparade in der Togafalte liessen sich Cicero und Seneca freilich noch nicht träumen; doch ganz so jung, wie man meinen könnte, ist *«Walkman»* auch wieder nicht: bereits im Jahr 1657 beherrscht er in Cyrano de Bergeracs *«Histoire comique des états et empires de la lune»*, einer phantastischen Mondfahrt auf den Spuren Lukians, die lunare Medienszene. Am Schluss seiner denkwürdigen Reise durch die Staaten und Reiche des Mondes erhält Cyrano von seinem Gastgeber, dem aus der Sonne gebürtigen Dämon des Sokrates, als Abschiedsgeschenk zwei Bücher:

«Kaum war er mir aus den Augen, als ich mich daran machte, meine Bücher eingehend zu besehen: die Kästchen, das heisst die Einbände, schienen mir von bewundernswert reicher Ausführung. Der eine war aus einem einzigen Diamanten geschnitten, der ganz unvergleichlich viel leuchtender war als unsere; der zweite schien nur eine ungeheure Perle, die in zwei Teile gespalten war. Mein Dämon hatte die Bücher in die Sprache jener Welt übersetzt; aber da ich von ihrem Druck noch nicht gesprochen habe, will ich weiter die Beschaffenheit der beiden Bände auseinandersetzen. Beim Öffnen des Kästchens fand ich darin ein Ich-weiss-nicht-Was aus Metall, das ungefähr unseren Uhren glich, voll von ich-weiss-nicht-was für kleinen Federn und nicht mehr wahrnehmbaren Maschinen. Das ist wirklich und wahrhaftig ein Buch; aber ein wunderbares Buch, das weder Blätter noch Buchstaben hat. Kurz, es ist ein Buch, zu dem, daraus zu lernen, die Augen unnötig sind, man braucht nur die Ohren. Wenn also einer zu lesen wünscht, dann spannt er mittels einer grossen Menge aller Art kleiner Nerven die Maschine und dreht den Zeiger auf das Kapitel, das er hören möchte – und sofort kommen aus dieser Nuss wie aus dem Mund eines Menschen oder aus einem Musikinstrument deutlich und unterschieden alle Töne hervor, die bei den vornehmen Mondbewohnern der Ausdruck der Sprache sind. Nachdem ich über diese wunderbare Erfindung, Bücher zu machen, nachgedacht hatte, wunderte ich mich nicht mehr, dass die jungen Leute in diesem Lande mehr Kenntnisse besitzen mit sechzehn bis achtzehn Jahren als die Graubärte bei uns. Denn wie sie lesen können, sobald sie sprechen können, so sind sie nie ohne Lektüre; im Zimmer, beim Spaziergang, in der Stadt, auf der Reise, zu Fuss, zu Pferd können sie in den Taschen oder am Bogen ihres Sattels angehängt dreissig solcher Bücher haben, an denen sie nur eine Feder zu spannen brauchen, um ein einzelnes Kapitel zu hören oder mehrere, wenn sie gerade Lust haben, ein ganzes Buch zu vernehmen. So hat man unaufhörlich alle grossen Männer, Lebende und Tote, um sich, die einen mit lebendiger Stimme unterhalten. Das Geschenk beschäftigte mich über eine Stunde; und schliesslich ging ich aus in die Stadt spazieren, nachdem ich es in Form von Ohrgehängen an mir befestigt hatte.»

«Niemals bin ich weniger allein, als wenn ich allein bin», zitiert Cicero den älteren Scipio Africanus. Er hatte wohl seinen «*Walkman*» in sich.

Kleine Mond-Mythologie

Der Astrologie des Zweistromlandes folgend, hat die klassische Antike ihre fünf Planeten neben Sonne und Mond nach griechischen Göttern benannt, und die lateinischen Götternamen Merkur, Venus, Mars, Jupiter und Saturn sind diesen alten Planeten ja bis heute geblieben. Mehr noch: im Anschluss hieran liess die neuzeitliche Astronomie auf den Göttervater Jupiter und dessen Vater Saturn wieder dessen Vater Uranus folgen und weiter, da der Mythos hier mit seinen Vätern am Ende ist, noch Jupiters Brüder und Mitregenten Neptun und Pluto.

Auch die neuentdeckten Trabanten dieser Planeten, deren Zahl sich in der jüngsten Gegenwart zumal durch die beiden «Voyager»-Missionen erheblich erhöht hat, erhalten ihre Namen traditionsgemäss aus dem griechischen Mythos. So erinnern als erste die im Winter 1609/1610 durch das eben erfundene Teleskop entdeckten «Galileischen» Jupitermonde an vier Liebeshändel des Göttervaters Zeus alias Jupiter: an die unglückliche Herapriesterin Io, die der *in flagranti* ertappte Zeus in eine Kuh verwandelte und die eifersüchtige Hera dann doch um die ganze Welt verfolgte; an die phönizische Königstochter Europa, die er in Stiergestalt aus Asien nach «Europa» über das Meer trug; an den schönen Knaben Ganymed, der, durch den Adler aus Troja entführt, auf dem Olymp als Mundschenk diente; an die arkadische Jägerin Kallisto, die in der Folge in eine Bärin verwandelt und so an den Himmel entrückt wurde.

Als der amerikanische Astronom Barnard im Jahre 1892 einen fünften Jupitermond entdeckte, mochte er diesen Olympischen Liebesreigen nicht noch erweitern und schlug als Namen für «seinen» Mond den Archimedischen Jubelruf «*Eureka*» oder ein neuzeitliches, neuweltliches «Columbia» vor. Doch das fand keinen Anklang. Gegen den Willen des Entdeckers setzte sein französischer Kollege Flammarion schliesslich doch die mythologische Benennung «Amalthea» durch; das war der Name der Amme oder auch der Ziege, die den Zeusknaben in seinem kretischen Höhlenversteck mit ihrer Milch ernährt hatte.

Seither hat die Astronomie den alten Göttervater für die Zumutung jener neumodischen «Columbia» überreich entschädigt. Dreizehn Jupitermonde waren bis zum Vorbeiflug der beiden «Voyager»-Sonden bekannt; drei weitere wurden durch diese Sonden im Jahre 1979 neu entdeckt, und alle diese «neuen» Monde tragen die Namen mehr oder weniger bekannter Liebschaften des Olympiers. Da erscheinen eine Himalia, eine Elara, eine Pasiphaë, eine Sinope, eine Lysithea, eine Carme, die personifizierte «Notwendigkeit» Ananke und als die dreizehnte die berühmte Leda: ihr war der Göttervater in Schwanengestalt erschienen, und sie hatte ihm darauf Helena und die Dioskuren geboren. Auch die drei «neuesten» Jupitermonde sind bereits benannt: nach einer Thebe, nach Adrastea, der Tochter jener Ananke, und nach der personifizierten «Klugheit» Metis, der ersten Gemahlin des Zeus. Mit dieser Metis hatte Zeus ein besonders intimes Verhältnis: als die allzu kluge Mutter mit Athene schwanger war, verschlang er sie aus Angst vor ihren allzu klugen Kindern und verleibte sich so alle ihre Klugheit ein; die Tochter Athene stieg später, wie man weiss, aus dem Haupt ihres Vaters ans Licht.

Aber auch mit diesen dreien ist der Namensvorrat noch längst nicht erschöpft: «Paulys Realencyclopädie der classischen Altertumswissenschaften» verzeichnet in einer Art «Register-Arie» gegen hundert Namenspatinnen für Jupitermonde. Ob sich der verstirnte Frauenheld inmitten dieses platonischen Liebeszirkels von der Io bis zur Metis nun so recht beglückt fühlen kann, mag dahingestellt bleiben. Darin jedenfalls haben unsere modernen Mond-Mythologen gewiss den rechten Takt bewiesen, dass sie die eifersüchtige Hera alias Juno nicht in diesen Frauenreigen eingereiht, sondern ihr weitab einen Planetoiden und eine Bahn zugewiesen haben, in der sie nun die Kreise des alterslosen Göttervaters nicht mehr stören kann.

Wie diesen Zeus alias Jupiter die gelegentlichen Gespielinnen von einst mittlerweile im Dutzend nun als beständige Begleiterinnen umschwärmen, so hat der blutrot leuchtende Kriegsgott Ares alias Mars seit der Entdeckung seiner beiden Monde im Jahre 1877 wieder seine beiden Söhne mit den sprechenden Namen *Deimos* und *Phobos*, «Furcht» und «Schrecken», in seinem Umkreis.

Um Kronos alias Saturn gibt sich das ältere, dem Uranos, «Himmel», und der Gaia, «Erde», entsprossene Göttergeschlecht der Titanen und Giganten ein Stelldichein. Unter den mehr als zwanzig Saturnmonden, die bis heute flüchtig bekannt und noch gar nicht alle benannt sind, erscheinen neben einem «Titan» die Titanen Hyperion und Iapetus und die Titaniden Tethys, Phoebe und Rhea, sie alle Brüder und Schwestern des Planetengottes; weiter die Iapetussöhne Atlas und Epimetheus, die Atlastochter Calypso und die Okeanostöchter Dione und Telesto; schliesslich noch zwei der aus dem letzten Samen des Kronos nachgeborenen urgewaltigen Giganten: Enceladus und Mimas. Als ein Fremder gesellt sich zu diesen Griechengöttern der Italiker Janus, der sich nach alter Überlieferung einst mit Saturn in die Herrschaft über Latium geteilt hat.

Bei der Benennung der fünf bis zu dem jüngsten Rendezvous mit «Voyager 2» bekannten Uranusmonde haben für einmal nicht Homer und Hesiod, sondern Shakespeare und Pope Pate gestanden: Shakespeare mit seinem «Sturm» für Miranda und Ariel und mit seinem «Sommernachtstraum» für Titania und Oberon, Pope mit seinem «Lockenraub» für Umbriel; und aus Shakespeares Geisterreigen werden nächstens wohl auch die zehn weiteren durch «Voyager 2» entdeckten Uranusmonde ihre Namen erhalten.

Die fernsten Planeten sind derzeit noch an Monden die ärmsten: Dem Meergott Poseidon alias Neptun ist in dem einen seiner beiden Monde sein halb mensch-, halb fischgestaltiger Sohn Triton und in dem anderen eine «Nereïde» beigesellt: auch in der Kunst erscheint der Muschelbläser mit dem Tritonshorn ja oft im Verein mit den schönen Nereustöchtern. Von dem Unterweltsgott Hades alias Pluto schliesslich ist seit 1978 wenigstens ein einziger Mond bekannt; ihn hat man nach dem Fährmann, der die Toten für einen Obolus über die Styx oder den Acheron setzt, Charon genannt.

So viele neue Neptun- und Plutomonde künftige Sternen-«Reisende» auch noch entdecken werden – die unerschöpfliche Namensfreudigkeit des griechischen Mythos hat für solche Trabantentaufen auf alle Zeiten vorgesorgt. Plutos Unterweltsreich ist mit namhaften Büssern wie Sisyphos und Tantalos genugsam bevölkert, und was Neptun betrifft, das nächste und letzte Ziel der «Voyager»-Reise, so kennt und nennt schon Homer dreiunddreissig, Hesiod dann alle fünfzig Nereïden mit Namen, jede von ihnen bereit, einmal «ihren» Neptunmond mit griechischer Salzflut zu taufen.

SDI auf griechisch

Als den Tapfersten unter den griechischen Verteidigern, die der Spartanerkönig Leonidas im Jahre 480 v. Chr. an den Thermopylen in den letzten heroischen Kampf gegen die persische Übermacht führte, rühmt der zeitgenössische Geschichtsschreiber Herodot den Spartiaten Diënékes, und zwar nicht nur um seiner Taten, sondern auch um eines Wortes willen:

«Noch vor dem ersten Zusammentreffen der feindlichen Heere an den Thermopylen habe dieser Diënékes einen aus Trachis im Nordwesten der Landenge geflohenen Mann sagen hören, wenn die Barbaren dann einmal ihre Bogen abschössen, würden sie die Sonne mit der Menge ihrer Pfeile verdunkeln; so gross sei ihre Übermacht. Diënékes habe sich jedoch von diesen Reden nicht erschüttern lassen, sondern, ohne der Überzahl der Perser irgend Beachtung zu schenken, nur gesagt, das seien ja vorzügliche Nachrichten, die der Mann aus Trachis da zu verkünden habe, wenn denn wirklich die Perser die Sonne verdunkelten – so werde der Kampf gegen sie doch im Schatten sein und nicht in der Sonne. Dieses Wort und noch andere, im gleichen Sinne gesprochene, habe der Spartaner Diënékes als sein Denkmal hinterlassen.»

So hat der Zeitgenosse Herodot uns aus den Erzählungen seiner Gewährsmänner den heroischen Ausspruch des Spartiaten überliefert, der die berühmte stoische «Unerschütterlichkeit» vorwegzunehmen scheint; in dieser Erzählung scheint es fast, als spanne der spartanische Krieger selbst, dem persischen Pfeilregen zu begegnen, zunächst mit allem Bedacht und ganz gelassen den Bogen seiner Rede an, um schliesslich seine überraschende, alles umkehrende Pointe abzuschliessen und derart mit einem einzigen lakonischen Wort die Überzahl der Perserpfeile vom Himmel zu wischen – eine typisch griechische Art von SDI.

Späteren Erzählern war der Lakonismus des Lakoniers offenbar immer noch nicht lakonisch genug; da der Anekdotenfreund ja weiss, dass die Spartaner gemeinhin wenig Worte machen, verkürzten sie die Antwort des Diënékes kurzerhand auf die blosse Pointe und spitzten das Ganze obendrein derart zu, dass der Grieche nun nicht mehr im Heerlager zu einem Landsmann, sondern bei einem Gastmahl zu einem Perser spricht. So lesen wir die Anekdote vier Jahrhunderte später in Ciceros «Tuskulanischen Gesprächen» wieder: «Als sein persischer Feind sich auf einem Gastmahl mit den Worten rühmte: „Ihr werdet die Sonne vor der Menge unserer Wurfspiesse und Pfeile nicht mehr sehen können", bemerkte einer der Spartaner: „So werden wir denn im Schatten kämpfen."» Je kürzer, desto *cooler,* desto besser?

Noch einmal anderthalb Jahrhunderte später begegnet uns das klassische Dictum des alten Diënékes wieder in Plutarchs materialreichen Zitatensammlungen, unter den «Aussprüchen von Spartanern». Hatte Cicero das ebenso grossartige wie feinsinnige Wort in seinen «Tuskulanischen Gesprächen» bereits namenlos als die Erwiderung «eines der Spartaner» zitiert, so legt Plutarch es vollends dem Spartanerkönig Leonidas selbst in den Mund – dem grossen Wort gebühre, so meinte er wohl, ein grosser Name: «Als einer bemerkte: „Unter dem Pfeilhagel der Barbaren werden wir nicht einmal die Sonne mehr sehen", erwiderte Leonidas: „Ist das nicht herrlich, wenn wir im Schatten mit ihnen kämpfen können?"»

Durch die verkürzende und verfälschende Ciceronische und Plutarchische Vermittlung ist das ursprüngliche Herodoteische Ruhmeskapitel für den Spartiaten Diënékes, den von Zeitgenossen und Ohrenzeugen verbürgten Urheber unseres Ausspruchs, eines der allerbrillantesten Stücke im Anekdotenschatz der Antike, allmählich in Vergessenheit geraten; bezeichnend ist, dass die vielbändige «Realencyclopädie der classischen Altertumswissenschaft», dieses Jahrhundertwerk dreier Generationen, für den tapfersten der dreihundert Spartaner an den Thermopylen kein Stichwort übrig hat. Halten wir uns also an den alten Herodot: Gerade in dieser Sache des Spartiaten Diënékes und seiner souveränen Erwiderung steht er uns als der einzige Gewährsmann dafür, dass nach dem programmatischen Eingangssatz seines Geschichtswerks «all das viele von Menschen Geschehene nicht mit der Zeit vergänglich werde und grosse, staunenswerte Taten nicht des verdienten Ruhms verlustig gehen».

«Nomen est omen»

In einer römischen Komödie, dem «Perser» des Plautus, überredet der Sklave Toxilus den Kuppler Dordalus, ein Mädchen namens Lucris zu kaufen: *«Nomen atque omen quantivis iam est preti»*, «Ihr Name und sein Omen ist allein schon jeden Preis wert». Das lateinische Wort *lucrum* bedeutet «Gewinn»; der Name *Lucris* deutete auf «lukrative» Geschäfte. Der einprägsame Satz *«Nomen est omen»*, «Der Name ist ein Omen», ist seither zum geflügelten Wort geworden. Dass das *nomen* eines Menschen oder Tieres ein *omen* zum Guten oder Schlechten sein könne, schien sich im bedeutsamen Gleichklang der lateinischen Wörter gleichsam selbst zu bestätigen.

Mochte der alte Komödiendichter hier leichthin mit Worten spielen – in der Sache war es seinem römischen Publikum nur allzu ernst. So wurde alljährlich bei der Verpachtung der Staatssteuern die Fischerei auf dem Lucrinersee an der kampanischen Küste an erster Stelle vergeben, vor allen übrigen Domänen, ja vor allen Provinzen: der *Lacus Lucrinus* sollte dem römischen Staat ein «lukratives» Steuerjahr verheissen. Und bei den Aushebungen zum Militärdienst achteten die Konsuln mit peinlicher Sorgfalt darauf, einen recht streitbaren, sieghaften Namen obenan auf die Rekrutenliste zu setzen; als Beispiele werden genannt die Namen *Valerius, Salvius, Statorius*, also etwa «Kraftmeier, Heilmann, Stehmüller»; einen so drastischen Landsknechtsnamen wie «Schlaginhaufen» hatte die römische Bürgerliste noch nicht zu bieten.

Die alte Samniterstadt *Maleventum*, aus deren Namen die Römer eine «Üble Ankunft» heraushören mochten, benannten die Eroberer «um des guten Omens willen» kurzerhand in *Beneventum*, «Gute Ankunft», um; fortan entbot die Stadt dem Reisenden auf der Via Appia schon in ihrem Namen ein freundliches *Bienvenu*. Auch das griechische *Epidamnos* an der illyrischen Küste nahm unter den neuen Herren den neuen Namen *Dyrrhachion* an – welcher nur halbwegs abergläubische römische Seemann hätte wohl auch eine Endstation namens «Totalverlust» ansteuern wollen?

«Nomen est omen»: ominöse Namen wurden überall in der römischen Welt gesucht oder gemieden, begrüsst oder verwünscht. Auf seinem Afrikafeldzug gegen Quintus Caecilius Metellus Pius Scipio, den Schwiegervater des Pompeius, tat Caesar einem alten, von seinem Gegner verbreiteten und in den Heeren kursierenden Orakelspruch, wonach ein Scipio in Afrika immer Sieger bleibe, in der Weise Genüge, dass er «zum Hohn», wie Sueton anmerkt, den übelbeleumdeten Scipio Salvitto, das schwarze Schaf der Familie, mit hohen Ehren in sein Gefolge aufnahm; und bekanntlich hat Caesar am Ende mit diesem ausgeflippten After-Scipionen in der Schlacht bei Thapsus den Sieg über Metellus Scipio davongetragen.

Glück mit derlei ominösen Namen hatte auch Caesars politischer Erbe Octavianus, der spätere Kaiser Augustus. Dem begegnete vor der Schlacht bei Actium gegen Antonius und Kleopatra, als er sich von seinem Lagerplatz zu den Schiffen begab, ein Eseltreiber namens *Eutychos,* «Glückskind», mit einem Esel namens *Nikon,* «Sieger». Zur Erinnerung daran stellte der Sieger von Actium die bronzenen Statuen der beiden in dem Tempel auf, den er später auf seinem Lagerplatz errichtete, und gewiss werden dieses «Glückskind» und sein «Sieger» für *nomen* und *omen* auch sogleich mit klingender Münze belohnt worden sein.

Um so schlimmer, wenn einer am falschen Ort zur falschen Zeit den falschen Namen hatte. Während eines militärischen Unternehmens in Gallien, so erzählt die legendenfreudige *«Historia Augusta»*, hatte eine wahrsagende Druidin dem jungen Offizier Gaius Valerius Diocles, dem späteren Kaiser Diokletian, geweissagt, er werde dereinst noch Kaiser werden, wenn er nur erst einen Eber getötet habe. Eber erledigte dieser junge Diocles darauf, so viele er nur konnte; doch Kaiser wurde er deswegen noch lange nicht. Als dann später erst Aurelian, dann Tacitus, Florian, Probus, Carus, Carinus und Numerian vor ihm Kaiser geworden waren, klagte er: «Ich erlege immer die Eber, doch andere essen den Braten.» Schliesslich, als seine Truppen ihn nach der Ermordung des Numerian durch den Prätorianerpräfekten Aper zum Kaiser ausriefen, hatte er plötzlich ein Aha-Erlebnis und tötete diesen Prätorianerpräfekten mit dem Unglücksnamen *Aper*, «Eber», einzig und allein um, wie er später beteuerte, die Weissagung jener Druidin zu erfüllen und seine noch schwankende Herrschaft zu befestigen. «Endlich habe ich den Eber meines Lebens getötet!» soll er damals, immer nach der *«Historia Augusta»*, befriedigt festgestellt haben.

Trotz alledem ist das geflügelte Wort *«Nomen est omen»*, das auf die eingangs zitierte Plautus-Stelle zurückgeht, in dieser Form in der Antike nicht belegt. Da hat für einmal erst die spätere Zeit die letzte Feile angelegt.

«Gesundheit!»

Auf dem Höhepunkt einer köstlichen, halb delikaten, halb furiosen Szene des Petronischen «Satiricon» muss der schöne Knabe Giton, während er, wie einst Odysseus unter dem Widder, im Wirtshaus unter einer Pritsche hängt und der Stadtbüttel um seinetwillen Haussuchung hält, in seiner prekären Lage oder eher Schwebe dreimal laut vernehmlich niesen – worauf der eben hereinstürzende eifersüchtige Eumolpos seinem Liebling bei aller Empörung doch zunächst einmal *«Salve!»*, «Gesundheit!», wünscht. In der eruptiven, explosiven Urgewalt des Niesens – das Griechische nennt es lautmalend *ptarmós*, das Lateinische mit einem verwandten Wort *sternutatio* – erblickten die Griechen und Römer ein bedeutsames Zeichen der dämonischen Mächte, das man auf keinen Fall stillschweigend übergehen dürfe, sondern ausdrücklich entweder annehmen oder abwehren müsse.

Ja die alten Griechen haben das Niesen, den *ptarmós*, geradezu selbst zum Gott erhoben: In einer unter dem Namen des Aristoteles überlieferten Sammlung meist naturwissenschaftlicher «Probleme» finden sich neben Doktorthemen wie «Warum setzt das Niesen dem Schluckauf ein Ende?», «Warum müssen wir in der Regel zweimal niesen, nicht einmal oder mehrmals?», «Warum niesen wir nie im Schlaf?» oder «Warum müssen wir, wenn wir in die Sonne blicken, eher niesen?» auch die folgenden Probleme: «Warum halten wir das Niesen für einen Gott, den Husten und den Schnupfen dagegen nicht?» und «Warum ist das Niesen etwas Heiliges, das Furzen und das Rülpsen dagegen nicht?». Ein weiteres ähnliches Problem dieser kleinen «Ptarmologie» verrät uns, dass das Niesen von Mitternacht bis Mittag

Schlechtes, von Mittag bis Mitternacht hingegen Gutes bedeute.

Ein unwillkürliches Niesen verheisse, so meinte man, die Erfüllung eines zuvor ausgesprochenen Wunsches («Beniestes», schreibt ein Philologe, erfülle sich.) Im 17. Gesang der Homerischen «Odyssee» beklagt Penelope vor dem treuen Sauhirten Eumaios das freche Treiben der Freier und gedenkt am Ende ihres Gatten, der ja in Bettlergestalt, von ihr noch unerkannt, schon heimgekehrt ist und am folgenden Tag an den Freiern blutige Rache nehmen wird: «,, ... Doch wenn Odysseus käme und in sein väterliches Land gelangte, alsbald würde er zusammen mit seinem Sohn für die Gewalttaten der Männer Busse nehmen!" So sprach sie. Da nieste Telemachos gewaltig, und mächtig erscholl rings das Haus. Da lachte Penelopeia und sagte alsbald zu Eumaios die geflügelten Worte: „Geh mir, rufe den Fremden hierher vor mich! Siehst du nicht, wie der Sohn mir geniest hat zu allen Worten? So wird auch der Tod den Freiern nicht unvollendet bleiben, allen miteinander, und keiner wird dem Tod und den Todesgöttinnen entrinnen..."»

Es liessen sich an diesen Homerischen *locus classicus* noch mehr Beispiele eines solchen glückverheissenden Niesens anschliessen; doch so ganz geheuer ist den Griechen und den Römern nie gewesen, wenn einer niesen musste, und das gar dreimal, neunmal, siebenundzwanzigmal. Meinte man wohl, ein guter oder böser Dämon oder eine ganze Schar von Dämonen fahre da aus und ein? Die Griechen suchten einem Unglück, das sich im Niesen etwa ankündigte, mit dem Stossgebet *«Zeu, sóson!»*, «Zeus, hilf!», zu begegnen; die Römer hielten ihm ihr unheilabwehrendes, glückwünschendes *«Salve!»*, «Gesundheit!» entgegen, und so hat es sich ja über die Jahrtausende bis zum heutigen Tage lebendig erhalten.

In seiner enzyklopädischen «Naturgeschichte» fragt der ältere Plinius, an eine Reihe bedeutsamer Vorzeichen erinnernd, in einer eher rhetorischen Frage: «Warum wünschen wir den Niesenden „Gesundheit"?» Selbst Kaiser Tiberius, bekanntermassen nicht der Typ, sich daraus einen Spass zu machen, habe seinen Begleitern diesen Dienst auch unterwegs im Reisewagen pünktlich abgefordert; ja manch einer meine, man bezeuge dem Omen höheren Respekt, wenn man dem Niesenden nicht nur «Gesundheit!» wünsche, sondern ihn dazu noch mit seinem Namen anrede. Man erkennt: Ein herzhaftes Niesen war in der Antike, anders als heute und anders als der Husten und der Schnupfen, das Furzen und das Rülpsen, eine ernsthafte Sache.

Kein Wunder also, dass das göttliche Niesen den menschlichen Schluckauf in die Schranken weisen konnte. Der grosse Philosoph Platon lehrt auch das in seinem «Symposion», wo der Komödiendichter Aristophanes vor seinem Lobpreis des Eros derart seinen Schluckauf heilt, und nicht vergebens: gut zwei Jahrtausende später bezeugt John Adams, der zweite Präsident der Vereinigten Staaten, in einem Brief an seinen Nachfolger Thomas Jefferson, dies sei das einzige gewesen, was er von Platon, nachdem er dessen sämtliche Werke gelesen habe, Vernünftiges habe lernen können: *«that sneezing is a cure for the hickups.»*

«Nulla dies sine linea»

In Ausstellungen moderner Kunst gibt es zuweilen das eine oder andere Bild zu sehen, auf dem es auch für das leibliche Auge nur wenig zu sehen gibt. Der Streiflichterschreiber erinnert sich an eine solche bemalte Leinwand, der er vor vielen Jahren im New Yorker *Museum of Modern Art* begegnete; ein mit deutlichen Schwarz-Weiss-Kontrasten beschriftetes Täfelchen neben dem scheinbar eintönig einfarbig angestrichenen Bild forderte den Betrachter auf, seine Augen einige Minuten lang geduldig auf die Bildfläche zu richten; dann werde er etwas sehen, und dann sah er auch etwas – was, das haben die Kenner längst erraten, und den anderen wollen wir's nicht ver-raten.

Vor mehr als zwei Jahrtausenden war ein solches Bild, das auf einer grossen Fläche nicht mehr als drei Linien enthielt, auf der Insel Rhodos ausgestellt, von wo es schliesslich nach Rom in Caesars Haus auf dem Palatin gelangte, und dieses Bild war, obwohl drei Linien für die Ansprüche und Massstäbe jener Zeit nicht eben viel waren, nach dem Zeugnis unseres Gewährsmannes am Ende doch «berühmter als jedes andere Kunstwerk». Kein Wunder: Es war damals vermutlich noch das einzige Drei-oder-weniger-als-drei-Linien-Gemälde auf der ganzen Welt, und es hatte auch eine ebenso illustre wie reizvolle Entstehungsgeschichte. Plinius der Ältere hat sie uns in seiner auch kulturgeschichtlich so reichen «Naturgeschichte» überliefert:

«Als der berühmte Maler Apelles einmal nach Rhodos kam, suchte er dort unverzüglich die Werkstätte des Protogenes auf, begierig, die Werke dieses Malers kennenzulernen, der ihm bis dahin nur durch seinen grossen Namen bekannt war. Protogenes selbst war nicht da, nur eine alte Magd, die eine schon zum Bemalen vorbereitete und aufgestellte Tafel von respektablem Format bewachte; die erklärte, der Meister sei aus dem Hause gegangen, und fragte, wen sie melden solle, wenn er zurückkomme. „Diesen", erwiderte Apelles, während er zugleich einen Pinsel ergriff, ihn in Farbe tauchte und eine Linie von höchster Feinheit über die ganze Tafel hinweg zog. Als Protogenes zurückkehrte, berichtete die Magd ihm, was geschehen war. Man erzählt, der Künstler habe, während er mit Staunen die Feinheit der Linie betrachtete, sogleich erklärt, Apelles sei da gewesen; eine so vollkommene Probe der Kunst könne auf keinen anderen Malerkollegen deuten.

Er selbst habe darauf mit einer anderen Farbe eine noch feinere Linie durch die erste mitten hindurch gezogen und sei dann wieder fortgegangen, nicht ohne der alten Magd aufzutragen, wenn jener Besucher wiederkomme, solle sie ihm diese zweite Linie zeigen und hinzufügen, dieser sei es, den er suche. Und so geschah es; Apelles kam tatsächlich in die Werkstätte zurück und unternahm es in der Beschämung über seine Niederlage, mit einer dritten Farbe die Linien nochmals mitten hindurch zu teilen, so dass für weitere Feinheiten nun wirklich kein Raum mehr übrigblieb. Vielmehr erklärte sich Protogenes angesichts dieser dritten, feinsten Linie für geschlagen und eilte sogleich, so schnell er konnte, zum Hafen hinunter, um seinen Besucher dort ausfindig zu machen und nun endlich zu begrüssen.

Man beschloss, die Tafel mit den drei Linien so, wie sie war, den Nachfahren zu überliefern, zum Staunen aller Betrachter, vornehmlich aber aller Künstler. Beim ersten Brand, der Caesars Haus auf dem Palatin heimsuchte, ist die Tafel, wie ich höre, schliesslich zerstört worden, nachdem sie zuvor lange Zeit auf Rhodos zu sehen war. Auf ihrer weiten Fläche hat sie nichts anderes enthalten als drei auf den ersten Blick kaum erkennbare Linien; unter hervorragenden Werken bedeutender Künstler so gut wie leer, hat sie gerade darum unzählige Betrachter angelockt und ist schliesslich berühmter geworden als jedes andere Kunstwerk.

Apelles hatte es sich übrigens zur Gewohnheit gemacht, keinen noch so geschäftigen Tag verstreichen zu lassen, ohne seine Kunst nicht wenigstens durch das Ziehen einer einzigen Linie zu üben, was durch ihn zum Sprichwort wurde.»

Das Wort ist bis heute geflügelt geblieben: *«Nulla dies sine linea»*, «Kein Tag ohne eine Linie».

«Si tacuisses...»

«*Si tacuisses, philosophus mansisses*», «Hättest du geschwiegen, wärest du ein Philosoph geblieben» – so, und gar noch mit einem pathetischen «*O!*» vorweg, stand und steht das geflügelte Wort in dem «Zitatenschatz des Deutschen Volkes», den der so gelehrte wie belesene Georg Büchmann, Lehrer für Alte und Neue Sprachen an der Friedrichswerderschen Gewerbeschule in Berlin und ein kundiger Jäger und Sammler auf allen Feldern der älteren und neueren Weltliteratur, vor 120 Jahren erstmals herausgegeben hat; und so stand und steht das auch heutzutage noch lateinisch wie deutsch vielzitierte geflügelte Wort in den lateinischen Elementarbüchern und Schulgrammatiken als das klassische Beispiel für einen «Irrealis der Vergangenheit».

Was ist es, das ein lateinisches literarisches Zitat über die Jahrtausende hinweg zum geflügelten Wort werden lässt? Manchmal ist es, wie bei Caesars brillant geschliffenem «*Veni, vidi, vici*», das hohe Raffinement der Prägung, manchmal auch nur, wie bei Ciceros schon etwas flügellahmem «*Quo usque tandem, Catilina...*», der pure Bekanntheitsgrad seiner Quelle, manchmal aber auch, und so gewiss im Falle unseres «*Si tacuisses...*», der allgegenwärtige Situationsbezug. Was für ein praktisches klassisches Zitat! Es lässt sich trefflich durch alle drei Personen konjugieren: «*Si tacuissem..., si tacuisses..., si tacuisset...*», und es lässt sich trefflich überall und jederzeit zitieren: «Hätte ich..., hättest du..., hätte er doch nur...» Kein Wunder, dass dieses in seiner äusseren Form so anspruchslose, von seiner Herkunft her so obskure lateinische Sätzchen zum geflügelten Wort geworden ist: die menschliche, allzu menschliche Geschwätzigkeit selbst, schon einer der klassischen Theophrastischen «Charaktere», hat ihm Flügel wachsen lassen.

Doch wie steht es mit dem zweiten Teil: «... *philosophus mansisses*», «... wärest du ein Philosoph geblieben»? Gewiss sollte ein Philosoph nicht geschwätzig sein, so wenig wie irgendein anderer, aber muss er darum sogleich schweigsam sein oder überhaupt schweigen? Der Erzphilosoph Sokrates zumindest war durchaus kein grosser Schweiger, im Gegenteil: er war ein *philólogos*, er suchte das Gespräch. Bezieht sich der lateinische Satz ursprünglich etwa auf die Pythagoreer, die ihren Adepten während fünf Jahren strenges Stillschweigen geboten? Oder hat das weise Wort schon damals nicht viel mehr bedeutet als heute: dass Schweigen uns oft genug klüger erscheinen lässt als Reden? Müssige Fragen, denn tatsächlich schmückt sich dieses geflügelte Wort sozusagen mit fremden Schwanzfedern: nur der erste Teil, das «*Si tacuisses...*», ist echt antik, der zweite Teil, das «... *philosophus mansisses*», spätere Zutat.

Der echte erste Teil, das «*Si tacuisses...*», ist die Schlusspointe einer gesalzenen Philosophenbeschimpfung, in der es keineswegs um die Schweigsamkeit, sondern um die Gelassenheit, mit dem stoischen Wort: die *ataraxía*, die «Unerschütterlichkeit», die «stoische Ruhe» des Philosophen geht. Wir lesen sie bei dem letzten Philosophen der Antike, dem unter dem Gotenkönig Theoderich zu höchsten Ehren aufgestiegenen und dann im Jahre 524 n. Chr. unter demselben Theoderich als Hochverräter hingerichteten Boëthius, in dessen letztem, in Erwartung des Todes im Gefängnis geschriebenem Werk, dem «Trost der Philosophie». Die falsche Anmassung eines Pseudophilosophen gibt den Anstoss zur Erzählung dieser nirgends sonst überlieferten Anekdote:

«Lass dir erzählen, wie köstlich irgendein Spassvogel mit der Leichtfertigkeit solcher Anmassung einmal sein

Spiel getrieben hat. Dieser Mann – sein Name tut nichts zur Sache – hatte zunächst die heftigsten Schmähungen auf einen Menschen gehäuft, der sich nicht um der vollkommenen Lebensführung, sondern um des stolzen Ruhmestitels willen Rang und Namen eines Philosophen angemasst hatte, und schliesslich hinzugefügt, er werde es sehr bald zuverlässig wissen, ob jener ein wahrer Philosoph sei, wenn er die ihm zugefügten Beleidigungen nur erst gelassen und geduldig hingenommen habe. Der so Angegriffene nahm für eine ganze Weile Geduld an; dann fragte er, gleichsam als habe er für die erlittenen Schmähungen nur Hohn und Spott übrig: „Gibst du nun endlich zu, dass ich ein wahrer Philosoph bin?" Darauf erwiderte unser Mann, unübertrefflich bissig: „Ich hatte es eben zugeben wollen – wenn du geschwiegen hättest."»

Ärzte und Chefärzte

Ein schalkhafter Sprachschöpfer mag der Spottvogel gewesen sein, der als erster das drastische Bild der «Inflation», der «Aufblähung», von der Geldmenge auf die Titelflut übertrug und so die «Titelinflation» kreierte; hat er dabei wohl auch an den unglücklichen Frosch der Aesopischen Fabel gedacht, der sich angesichts irgendeines Riesenrindviehs aufblies und weiter und weiter aufblies, bis er platzte? Im Lateinischen konnte die *inflatio*, die «Aufblähung» oder «Aufschwellung», ja geradezu die eitle, buchstäblich «hohle» Anmassung bezeichnen, eben die «Aufgeblasenheit».

Wie dem auch sei, das klassische Paradebeispiel für eine solche Titelinflation geben der «Arzt» und der «Chefarzt», doch nicht etwa, weil neuerdings so viele Ärzte zu Chefärzten avanciert wären, sondern weil die Ärzte allesamt seit alters Chefärzte sind, und die Chefärzte sogar doppelte: «Chefchefärzte» sozusagen.

Unser «Arzt» hat wie seine «Praxis» und seine «Klinik» und überhaupt die ärztliche Kunst seinen Ursprung in der Sprache des alten Hippokrates, im Altgriechischen. *Iatrós* heisst das griechische Wort für den «Arzt», das uns sogleich in der Homerischen «Ilias» – und sogleich in höchst rühmendem Sinne – begegnet und sich ja bis heute im «Psychiater» und in der «Psychiatrie», in der «Pädiatrie» und der «Geriatrie» erhalten hat; das Substantiv ist abgeleitet von dem Verbalstamm *ia-*, «heilen», dessen weiterer Hintergrund für uns im dunkeln bleibt. Allerdings ist von diesem griechischen *iatrós*, dem «Heilkundigen», in unserem «Arzt» nur noch ein einziger Buchstabe erhalten, das auslautende «-t», und der gehört im Griechischen noch nicht einmal zum Verbalstamm *ia-*, sondern lediglich zum Suffix *-tros*. Die ersten drei

Buchstaben in unserem «Arzt» sind zwar auch altgriechischen, aber doch nicht ärztlichen Ursprungs: hinter diesem «Arz-» steckt der griechische Verbalstamm *arch-*, «anfangen, der Erste sein, herrschen», der uns etwa auch aus dem «Architekten», dem «Ersten» oder «Leitenden Baumeister», vertraut ist.

Archiatrós, «Erster» oder «Leitender Arzt», war der Ehrentitel der Leibärzte an den hellenistischen Königshöfen und später am römischen Kaiserhof, dann auch Ehrentitel anderer angesehener Ärzte im öffentlichen Dienst eines griechischen Staates, des römischen Reiches und einzelner wohlhabender grösserer oder kleinerer Gemeinden – bis schliesslich in der Spätantike der Titel eines *archiatrós* dermassen verbreitet war, dass bald jeder in eigener Verantwortung praktizierende und in seiner Tätigkeit anerkanntermassen erfolgreiche Arzt sich mit diesem Ehrentitel eines «Ersten» oder «Leitenden Arztes», eines «Chefarztes», schmücken konnte.

Aus diesem altehrwürdigen *archiatrós* ist dann im Laufe der Jahrhunderte mit starker Verkürzung zumal des *iatrós* letztlich unser gewöhnlicher, allgemeiner «Arzt» geworden, ähnlich wie in der Kirchensprache aus dem ursprünglich griechischen *archángelos,* dem «Ersten Engel», der «Erzengel» und aus dem ebenfalls griechischen *archiepískopos,* dem «Ersten Aufseher», der «Erzbischof» – was dann späterhin zu weniger heiligen Bildungen wie «erzfaul, erzdumm» im Sinne von «Oberfaulpelz, Oberdummkopf» geführt hat. Über das spät- und mittellateinische *archiater,* das altsächsische *ercetere,* das mittelniederländische *arsatre,* das althochdeutsche *arzat* und das mittelhochdeutsche *arzet* können wir die Entwicklung des griechischen *archiatrós* zu unserem «Arzt» noch von einer Stufe der Verkürzung und Entstellung zur anderen verfolgen.

So wäre denn jeder «Arzt» zu drei Vierteln, jeder

«Chefarzt» gar zu sieben Achteln ein «Chef» und nur gerade mit dem letzten Viertel oder gar dem letzten Achtel noch ein «Arzt» – nur gut, dass hinter den kaiserzeitlichen und neuzeitlichen, den verborgenen und offenkundigen Ehrentiteln wenigstens jenes eine letzte «-t» noch an den alten Homerischen und Hippokratischen *iatrós* erinnert. Wer weiss, vielleicht gibt es dann einmal in abermals tausend oder zweitausend Jahren, wenn die Titelinflation erst noch um eine weitere Drehung der Spirale fortgeschritten ist, gar keine «Ärzte» und «Chefärzte» mehr, sondern nur noch «Schärzte» und «Chefschärzte»?

Vor einer Ampel zu bedenken

Mit wahrhaften Flohsprüngen scheint das «L» der «Lampe» vom Anfang des Wortes zum Ende und wieder zurück zum Anfang zu springen, um aus der «Lampe» zuerst eine «Ampel» und dann wieder eine «Lampe» zu machen. Aus dem Hinüber und Herüber, bei dem der Kopf zum Schwanz, der Schwanz zum Kopf wird und das Ganze, Kopf hin, Schwanz her, doch allemal wieder das gleiche bedeutet, liesse sich gewiss ein hübsches Rätsel in Versen schmieden. Doch der Flohzirkus ist natürlich Spielerei: bei aller scheinbaren Familienähnlichkeit sind die «Lampe» und die «Ampel» keineswegs miteinander verwandt. Alte Landsleute und Weggefährten sind sie freilich: beide haben sie ihre Wanderschaft durch die Jahrhunderte im Griechischen begonnen, und beide sind sie dann zunächst im Lateinischen eingekehrt und zuletzt wie anderswo so auch im Deutschen heimisch geworden, so vollkommen, dass der Fremdwörter-Duden sie nicht mehr verzeichnet.

Die Wortgeschichte der «Lampe» ist vergleichsweise einfach; während sich die Sache von der (Oliven-)Öllampe zur Leuchtstofflampe fortentwickelte, ist das Wort fast unverändert geblieben. Aus griechisch *lampás, lampádos,* wurde lateinisch *lampas, lampadis,* französisch *lampe,* mittelhochdeutsch *lampade* oder – über das Französische – *lampe* und schliesslich neuhochdeutsch Lampe. Das alte griechische Wort, zuerst belegt im 5. Jahrhundert v. Chr., erweist sich im Sturm der Zeitläufte als ein unauslöschlicher Dauerbrenner.

Ein wenig komplizierter und interessanter ist die Wortgeschichte der «Ampel». An ihrem Anfang steht die griechische «Amphore», das bauchige Vorratsgefäss für Wein oder Öl, das die Griechen nach seinen beiden

Traghenkeln *amphiphoreús* oder verkürzt *amphoreús* nannten; das Wort setzt sich aus dem Präfix *amphi-*, «beidseits», und aus dem Verbalstamm *pher-/phor-*, «tragen», zusammen. Den grösseren, tönernen Amphoren, in denen man Wein oder Öl aufbewahrte, wurden in der späteren Antike kleinere, gläserne Amphoren nachgebildet, in die man Parfum oder Schminke abfüllte. Und wie auf einem römischen Marktplatz nun neben der bauchigen, tönernen Maxi-Amphore die zierliche, gläserne Mini-Amphore steht, so in der lateinischen Sprache neben dem nur leicht latinisierten Fremdwort *amphora* die lateinische Verkleinerungsform *amphorula*, aus der allerdings bald eine *amporla*, eine *ampurla* und schliesslich eine *ampulla* wird.

Noch einmal nehmen in christlicher Zeit, im frühen Mittelalter, das Gefäss und das Wort einen neuen Inhalt in sich auf; da begegnet uns die gläserne *ampulla*, nun wieder etwas kurzhalsiger und dickbäuchiger gestaltet und statt mit kostbaren Parfums und Salben mit gewöhnlichem Lampenöl gefüllt, als die «Ewige Lampe» in der Kirche. «*Tempora mutantur*», «Die Zeiten ändern sich»: Die gleiche *ampulla*, die vorher die törichten Jungfrauen zur Eitelkeit der Welt verlockt hatte, weist nun den klügeren Schwestern den Weg zu himmlischer Seligkeit.

Doch auch dabei ist die Zeit nicht stehengeblieben; aus der Ewigkeit ging die *ampulla* wieder in die Zeitlichkeit über. Im späteren Mittelalter, im 14. Jahrhundert, wurde aus der *ampulla* über dem kirchlichen Altar die «Ampel» über dem häuslichen Esstisch, wo sie in der Folge freilich ihrer griechischen Landsmännin, der «Lampe», hat weichen müssen; einzig im Französischen hat sie sich als *ampoule*, «Glühlampe», im häuslichen Alltag bis heute behaupten können. Bei uns ist die *ampulla* in dieser mittelalterlichen Bedeutung, als «Lampe», erst in der jüngsten Gegenwart in Gestalt der rot, gelb oder grün leuchtenden Verkehrs-«Ampel» wieder zu Ehren gekommen.

In ihrer ursprünglichen antiken Bedeutung, als «Gefäss», lebt die *ampulla,* die «Ampulle», heute vornehmlich in der Medizin und der Pharmazie fort, aber auch wiederum in der Liturgie der katholischen Kirche; dort ist die «Ampulle» die Kanne, die den Wein oder das Wasser für die Feier der heiligen Messe aufnimmt, oder der Krug, der das geweihte Öl für die Täuflinge und die Schwerkranken enthält. Und auf die «Ampulle» als die Weinkanne bei der Messfeier geht doch wohl gotteslästerlicherweise auch die «Pulle» zurück, die im Niederdeutschen die «Flasche» bezeichnet, die Wein-, Bier- oder Schnapsflasche aus Glas wie die «Flasche» aus Fleisch und Blut, der man demnach auch mit gutem etymologischem Recht beide Henkelohren langziehen darf.

Was für ein Weg eines Wortes durch die Jahrhunderte und Jahrtausende! Von der bauchigen Weinamphore zum zierlichen Parfumflacon, vom Schminktöpfchen zum Ewigen Licht, von der Ewigen zur zeitlichen Lampe und schliesslich zur Verkehrs-«Ampel» – Anlass und Stoff genug, über Gott und die Welt ins Sinnieren zu kommen, wenn die Ampel einmal lange auf Rot steht!

Das «E» in «EDV»

Von den drei Buchstaben in «EDV», dieser magischen Fortschritts- und Zukunftsformel, ist der erste griechischen, der zweite lateinischen und der dritte deutschen Ursprungs, und natürlich hat der griechische, das «E», von den dreien nicht nur die längste, sondern auch die reichste Geschichte.

Am Anfang dieser Geschichte, soweit wir sie überschauen können, steht das griechische Substantiv *élektron* oder auch *élektros,* das uns vor fast drei Jahrtausenden, im späten 8. Jahrhundert v. Chr., in der Homerischen «Odyssee» zuerst bezeugt ist, und zwar sogleich in einer merkwürdigen Doppelbedeutung. Das griechische *élektron* bezeichnet zunächst eine Legierung aus Gold und Silber, die in verschiedenen natürlichen Mischungsverhältnissen in Goldminen vorgefunden, aber auch künstlich und dann meist im Verhältnis vier zu eins hergestellt wurde; das gleiche *élektron* bezeichnet aber auch den Bernstein, der schon seit der Mitte des 2. Jahrtausends v. Chr. durch die Phönizier auf dem Seeweg nach Ägypten und nach Mykene eingeführt wurde und spätestens seit dem 4. Jahrhundert v. Chr. über die «Bernsteinstrasse» auch auf dem Landweg von der Ostsee zum Mittelmeer gelangte.

Neben diesem *élektron* in seiner doppelten Bedeutung steht, erstmals wiederum im 8. Jahrhundert v. Chr. in der Homerischen «Ilias», das stammverwandte *Eléktor* als ein Beiname des Sonnengottes Helios oder Hyperion; die Vermutung liegt nahe, dass sowohl die Legierung als auch der Bernstein nach ihrer strahlenden Sonnenfarbe benannt sind. Ganz entsprechend erblickte ja auch der griechische Mythos im Bernstein die Tränen der um ihren unglücklichen Bruder Phaëthon trauernden und schliesslich in Pappeln verwandelten Töchter des Sonnengottes. Doch so «strahlend» die Bedeutung des Wortes, so dunkel ist seine Herkunft. Weder innerhalb noch ausserhalb der indogermanischen Sprachen hat die Wissenschaft bisher seine Heimat und seine Verwandten ausfindig machen können; «unerklärt» vermerkt das «Griechische Etymologische Wörterbuch» von Hjalmar Frisk lakonisch zu dem Wort.

Von der lateinischen Form des Wortes *electrum* und von seiner zweiten Bedeutung «Bernstein» ist um die Wende vom 16. zum 17. Jahrhundert die weitere Entwicklung der Bedeutung ausgegangen. Massgeblich dafür war nun nicht mehr die sonnenfarbene, goldglänzende äussere Erscheinung des Bernsteins, sondern die geheimnisvolle in seinem Innern verschlossene «elektro»-statische Anziehungskraft, die in der Antike zumindest seit dem 4. Jahrhundert v. Chr. bekannt war. Platon spricht in seinem kosmologischen Altersdialog «Timaios» von der Anziehungskraft des Bernsteins als einem «Staunen erregenden» Phänomen und vergleicht sie mit der des «Herakleïschen» Steines, den der Tragiker Euripides nach seinem Ursprungsland, dem thessalischen Magnesia, den «Magnetischen» genannt hat. Seit jener Zeit sind die «elektrischen» und die «magnetischen» Phänomene in der Wissenschaftsgeschichte miteinander verbunden geblieben.

Zwei Jahrtausende später, im Jahre 1600, veröffentlichte der englische Mediziner und Physiker William Gilbert sein epochemachendes Werk *«De magnete»*, in dem er den *corpora electrica,* den «bernsteinhaften Körpern», ein besonderes Kapitel widmete. Durch seine Neubildung des lateinischen Adjektivs *electricus,* «bernsteinhaft», an das sich bald noch das Substantiv *electricitas,* «Bernsteinhaftigkeit», anschliessen sollte, ging der griechische Name des Bernsteins, an dem «elektro»-statische Phänomene in der Antike zuerst beobachtet worden waren, nun auf den gesamten Bereich vergleichbarer «elektrischer» Phänomene über.

Im 18. Jahrhundert wurden die lateinischen Formen allmählich durch die vertrauten deutschen Formen «elektrisch, Elektrizität» verdrängt, im 19. Jahrhundert kam noch das «Elektron» in seiner modernen Bedeutung als ein negativ geladenes Elementarteilchen hinzu, mitsamt dem Adjektiv «elektronisch» und schliesslich eben auch der «EDV». Mittlerweile zählen die Ableitungen und Abkürzungen, die in allen Sprachen und allen Ländern aus diesem einen griechischen Wort hervorgegangen sind, nach Hunderten und Tausenden, und man könnte mit ihnen wohl eine strahlende Bernsteinstrasse in unsere sonnige EDV-Zukunft pflastern.

Wer wollte nicht seine grenzenlose Bewunderung für die in Kilo-Bits gemessene Speicherkapazität eines einzigen Mikro-Chips bekennen? Doch vergegenwärtigen wir uns die Geschichte dieses griechischen *élektron,* so ist auch das Erinnerungsvermögen eines einzigen Buchstabens, wie beispielsweise dieses «E», durchaus nicht zu verachten.

Raketen aus der Spinnstube

«Der Krieg ist Sache der Männer», hält der trojanische Vorkämpfer Hektor seiner Gattin Andromache um 800 v. Chr. im 6. Gesang der Homerischen «Ilias» entgegen und heisst sie «an ihre eigenen Werke, an Webstuhl und Spindel» zu gehen. «Der Krieg ist Sache der Frauen», gibt es die streitbare Friedenskämpferin Lysistrate dem athenischen Ratsherrn vierhundert Jahre später auf der Aristophanischen Komödienbühne zurück und erklärt ihm «aus Spinnrad und Webstuhl» die hohe Politik.

Frauenwelt und Männerwelt, die in diesem bis heute nicht ausgefochtenen Streit aufeinanderstossen, Spinnstube und Rüstkammer sind in der Wortgeschichte unserer «Rakete» in einer heutzutage schlechthin grotesk anmutenden Weise aufeinander bezogen. Ihren ersten Ursprung hat die «Rakete», soweit wir sehen, im Germanischen, und tatsächlich in der Spinnstube: in dem Wort, das im Althochdeutschen als *rocko,* im Mittelhochdeutschen als *rocke,* im Neuhochdeutschen schliesslich als *Rocken* erscheint. Aus dem germanischen Substantiv hatte sich wohl schon in der Völkerwanderungszeit oder im frühen Mittelalter das italienische Lehnwort *rocca,* «Spinnrocken», gebildet und davon wiederum die Verkleinerungsform *rocchetta;* auf dem Weg über die Alpen war aus dem nordländischen Maskulinum ein südländisches Femininum geworden. In der Verkleinerungsform *rocchetta* ist das Wort in Italien im späten Mittelalter vom «Rocken» auf die damals aufkommende «Rakete» übertragen worden; ohne Zweifel hat die zylindrische, im oberen Teil dickere Form des Feuerwerkskörpers zu der Übertragung geführt. Die Zeiten ändern sich: dem glücklichen Mittelalter war ein Spinnrocken offenbar noch vertrauter als eine Rakete ...

So verkleinert zu *rocchetta* und so übertragen auf die «Rakete», gelangte das ursprünglich germanische Wort dann wieder zurück ins Neuhochdeutsche; fortan stehen im Deutschen der ältere «Rocken» und die jüngere «Rakete» als ungleiche Geschwister nebeneinander. In dem ältesten Zeugnis, das wir für die Rückkehr der *rocchetta* in ihre Heimatsprache haben, in der Schrift eines Pyrotechnikers namens Fronsperger «Vom Feuerwerk» aus dem Jahre 1557, hat das Wort noch die dem Italienischen nähere Form «Rogete»; doch bald darauf tritt an die Stelle des ursprünglichen «o» das uns geläufige «a». So lesen wir in Julius Wilhelm Zincgrefs Spruchsammlung «Der Teutschen scharpfsinnige kluge Sprüch» oder mit ihrem griechischen Titel *Apophthegmata* aus dem Jahre 1626 den trefflichen Vergleich zwischen einem Bruder Luftikus und einem nun zum zweitenmal verkleinerten *Rachetlin*: *«Die hoch oben ausz wollen, und wie gemeinlich geschihet, nirgends ankommen, vergliche er mit einem Fewrwerk oder Rachetlin, das hoch in die Höhe fährt, und doch weder den Himmel erreicht, noch wider auf die Erd kompt, sondern in der Luft zerknellt.»* Über die älteren Formen *Rachete* und *Rackete* entwickelte sich in der Goethe-Zeit schliesslich die heutige Form «Rakete».

Aus der gleichen italienischen Verkleinerungsform *rocchetta* wird im Französischen *roquette* und im Englischen *rocket*. Nach dem Vorbild des Italienischen hat überdies auch das Französische eine entsprechende Bedeutungsübertragung an einem romanischen Wort vollzogen. Aus dem lateinischen Substantiv *fusus*, «Spinnrocken, Spindel», war in der Tochtersprache das Substantiv *fuseau* oder auch *fusée* geworden; wie die italienische *rocchetta* wurde nun auch die französische *fusée* auf den Feuerwerkskörper, die Rakete, übertragen.

Dass ausgerechnet das Spinnrad mit Rocken und Spindel, das klassische Sinnbild friedlicher Frauenarbeit, der «Rakete», der schrecklichsten Ausgeburt moderner Kriegsrüstung, den Namen gegeben hat, zählt gewiss zu den absonderlichsten Verkehrungen in der an abenteuerlichen Verdrehungen ja nicht armen Wortgeschichte. Die Schwerter zu Pflugscharen umzuschmieden, fordert ein klassischer Slogan der modernen Friedensbewegung. Die ernste Sorge um den gefährdeten Frieden dieses Raketenzeitalters kleidet sich da in das gleiche Bild wie vor zwei Jahrtausenden, in Augusteischer Zeit, das Frohlokken über den geschenkten Frieden; unter dem 30. Januar, dem Tag der Friedensfeiern, schreibt Ovid in seinem Kalendergedicht:

«Krieg war lange das Handwerk der Männer: das Schwert war ihr Werkzeug
    statt der Pflugschar, der Stier räumte dem Streitross das Feld.»

«Pflugscharen statt Schwerter?» Die so bekämpften Atomraketen tragen, nimmt man sie nur ernstlich beim Wort, ihren eigenen Friedensslogan in sich: «Rocken statt Raketen» oder noch einprägsamer in modischem Halbenglisch: «Rocken statt *Rockets*».

Schwänze, Pinsel, Schimmelpilze

Auf ein und derselben Seite stehen die Artikel über das «Penicillin» und den «Penis» in der zwanzigbändigen Brockhaus-Enzyklopädie einander gegenüber. Sollte die alphabetische Nachbarschaft auf eine sprachliche Verwandtschaft hindeuten? Am Anfang war der *Penis* – für unsere sublimeren Seelenregungen gilt dieser Satz vielleicht nicht so uneingeschränkt, wie Sigmund Freud uns glauben machen wollte, doch für die Wortgeschichte des «Penicillins» trifft er tatsächlich ohne Wenn und Aber zu. Die Verwandtschaft der Wörter ist freilich weitläufig und geht um wenigstens drei Ecken.

In einem Brief an seinen Freund Paetus äussert sich Cicero über den Gebrauch obszöner Wörter; zu *penis* bemerkt er dort, bei den «Alten» habe das Wort in seiner ursprünglichen, eigentlichen Bedeutung den «Schwanz» und erst in übertragener, metaphorischer Bedeutung das Geschlechtsorgan bezeichnet, bis die allzuoft das Obszöne verhüllende Metapher am Ende selbst «obszön geworden» sei. Und dazu verweist er auf die Verkleinerungsform: aus *penis* in der eigentlichen Bedeutung «Schwanz» sei ja «wegen der Ähnlichkeit» das Diminutiv *penicillus* in der übertragenen Bedeutung «Pinsel» entstanden.

Penicillus ist in diesem Fall bereits die Verkleinerungsform einer Verkleinerungsform, denn von *penis* hat das Lateinische zunächst das Diminutiv *peniculus* und von diesem wieder das Diminutiv *penicillus* gebildet. Beide Verkleinerungsformen bezeichnen im Lateinischen das «Schwänzchen», den «Pinsel», mit dem der Maler die Farbe aufträgt, und leben in den modernen Sprachen in gleicher oder ähnlicher übertragener Bedeutung fort: im Französischen als *pinceau,* im Deutschen als «Pinsel» und im Englischen als *pencil;* dort ist das Wort aus der Malerei in die Literatur, vom «Pinsel» zum «Schreibstift» übergewechselt. Einzig der Einfaltspinsel hat anderen Ursprung: er ist nicht in der Maler-, sondern in der Schuhmacherzunft zu Hause.

Einmal, in einem Brief Ciceros an seinen Bruder Quintus, erscheint der *penicillus* als Metapher für den «Malstil», wie ja seit römischer Zeit allgemein der *stilus,* der «Schreibstift», als Metapher für den Schreib-«Stil», und überdies an einer Stelle, an der die Malerei wiederum als Metapher für die Literatur steht; ein andermal, in der «Naturgeschichte» des älteren Plinius, bezeichnet der *penicillus* überhaupt die «Malerei».

Doch dieses sind für unseren *penicillus* vereinzelte Höhenflüge geblieben; die weitere Wortgeschichte führt uns von solchen klassischen Sublimationen, in denen sich dieses «Schwänzchen» bis in die höchsten Sphären der Schönen Künste aufschwingt, wieder hinab zu den niedersten Stufen des Lebens: zu den Schimmelpilzen. In der wissenschaftlichen Systematik des Pflanzenreiches, die Carl von Linné im frühen 18. Jahrhundert begründete, erhielt eine Gattung von Schlauchpilzen wegen ihrer pinselförmigen Sporenträger, also wiederum «wegen der Ähnlichkeit», die lateinische Bezeichnung *Penicillium* und entsprechend den deutschen Namen «Pinselschimmel». Zu der überaus artenreichen Gattung *Penicillium* gehören etwa die Schimmelpilze, die zum Schrecken der Hausfrau Bauernbrot und Sonntagszopf, Zwetschgenmus und Kirschkompott grünlich-bläulich überziehen, aber auch so hochgeschätzte, ja geradezu edle Arten wie das *Penicillium Camembertii* oder das *Penicillium Roquefortii.*

Wieder ein Jahrhundert später, im Jahre 1928, machte der englische Bakteriologe Sir Alexander Fleming die epochemachende Entdeckung, dass bestimmte Pilzstämme dieser Gattung *Penicillium* krankheitserregende Bakterienstämme abzutöten oder doch in ihrer Vermehrung zu hemmen vermögen; das im Anschluss daran in den dreissiger Jahren entwickelte und erprobte erste Antibiotikum erhielt nach dem Gattungsnamen *Penicillium* den Markennamen «Penicillin».

Damit ist die Wortgeschichte, die vor zwei Jahrtausenden von dem lateinischen *penis* ausgegangen war und in der Antike zunächst von der Zoologie zur Malerei, in der Neuzeit darauf von der Malerei zur Botanik und von dieser zur Medizin fortgegangen ist, vorerst an ihr Ende gekommen. Wahrhaftig: vom «Pinsel» und vom *pencil* bis zum «Penicillin» gibt sich dieser lateinische *penis* mancherorts ein Stelldichein, wo vielleicht nicht einmal der alte Freud es sich hätte träumen lassen.

«Alt werde ich...»

Unter den anekdoten- und zitatenreichen Philosophenbiographien des Diogenes Laërtios findet sich sogleich an zweiter Stelle nach der des alten Thales von Milet auch eine Biographie des Atheners Solon, wohl weil dieser Staatsmann und politische Dichter wie jener Thales regelmässig zu den Sieben Weisen zählte. Darin ist uns auch der folgende ganz unpolitische Dichterstreit zwischen diesem ältesten Repräsentanten des jungen attischen Geistes und dem ionischen Lyriker Mimnermos von Kolophon überliefert:

«Als Mimnermos die folgenden Verse geschrieben hatte:
„Dass mich doch ohne Altersgebrechen und quälende Sorgen
    mit dem sechzigsten Jahr treffe das Schicksal des Tods!",
tadelte Solon ihn und erwiderte:
„Nun denn, willst du auch jetzt noch mir folgen, so streiche die ‚Sechzig'
    und verarg es mir nicht, Bessres zu finden als du!
Anders dichte den Vers, grosser Sänger, und singe denn künftig:
    ‚Mit dem achtzigsten Jahr treffe das Schicksal des Tods'!"»

Solon war gewiss schon weit über die sechzig Jahre des Mimnermischen Gedichts hinaus – daher jenes augenzwinkernde «auch jetzt noch» –, als er seinem Dichterkollegen derart jugendlich respektlos in die Parade fuhr, und wohl auch schon über die zehnmal sieben Jahre hinweg, die er selbst einmal nach verbreiteter volkstümlicher Rechnung dem Menschenleben zugemessen hatte.

Das gleiche hohe Selbstgefühl, die gleiche feine Ironie des Siebzigers leuchtet uns aus einem zweiten Fragment dieser Solonischen Alterselegie entgegen:

«Und nicht unbeweint möchte ich sterben, sondern den Freunden
    hinterlassen im Tod Schmerz noch und Klagegestöhn.»

Die schlichteste und zugleich souveränste Bekundung altersloser Solonischer Jugendfrische aber enthält das dritte aus der gleichen Elegie an Mimnermos stammende Fragment, ein mehrfach bei Platon und Plutarch und auch sonst in der Antike vielfach zitierter einzelner Pentameter, in dem der altersweise Solon, ganz entgegen dem landläufigen Klischee des weisen Alten, freimütig bekennt:

«Alt werde ich, und noch stets lerne ich vieles hinzu.»

Kann es für einen erklärten «Weisen», wie dieser Solon ja einer gewesen ist, ein besseres Zeugnis der Weisheit geben als das Eingeständnis, dass die Weisheit nie ausgelernt hat? Ganz von fern scheint darin jenes zwei Jahrhunderte jüngere Sokratische «Ich weiss, dass ich nichts weiss» vorauszuklingen; auch Sokrates wurde ja vom Delphischen Orakel zum «weisesten» Menschen erklärt, und wie er selbst meinte, eben um dieses seines Wissens des Nichtwissens willen.

Eine weniger bekannte, einzig in der spätantiken «Anthologie» des Johannes Stobaios überlieferte feinsinnige Anekdote illustriert diese stete Lernbereitschaft des weisen alten Solon, und sie macht zugleich auch deutlich, dass dieses Lernen im Alter für unseren athenischen Weisen nicht lediglich ein Lernen «fürs Leben» gewesen ist:

«Der Athener Solon, der Sohn des Exekestides, hatte

Freude an einem Lied der Sappho, das sein Neffe auf einem Symposion zur Kithara sang, und forderte den jungen Mann auf, es ihn doch sogleich zu lehren. Als einer der Zuhörer ihn schliesslich fragte, warum er sich das denn so sehr gewünscht habe, erwiderte er: „Damit ich es auswendig weiss, wenn ich einmal sterbe."»

«Unter dichtem Reblaub trinkend»

«Persicos odi, puer, adparatus,
displicent nexae philyra coronae,
mitte sectari, rosa quo locorum
 sera moretur.

simplici myrto nihil adlabores
sedulus curo: neque te ministrum
dedecet myrtus neque me sub arta
 vite bibentem.»

«Perserluxus mag, Knabe, ich nicht treiben,
mag nicht bastumwundene Blumenkränze;
lass das Suchen sein, wo die letzte Rose
 spät noch verblühe.

Schlichtes Myrtengrün – nicht bemüh dich weiter –
sei mein Kranz: die Myrte macht dir, dem Diener,
Ehre so wie mir, wenn ich unter dichtem
 Reblaub hier trinke.»

«Persicos ... apparatus», «Persische Zurüstungen»? Während in der Hauptstadt des Römerreiches die neuesten Herren der Welt ihre Gastmähler mit dem legendären Luxus der alten Grosskönige von Persepolis arrangieren, geht es hier auf dem stillen Landgut des Dichters weitab vom städtischen Getriebe in den Sabinischen Bergen um eine scheinbar geringfügige, bedeutungslose Ausstattungsfrage. In den beiden sapphischen Strophen des Horaz, dem letzten Gedicht des ersten Odenbuches und dem kürzesten der ganzen Sammlung, ist die Rede von dem Kranz, der nach altehrwürdiger Sitte zu Ehren des Weingottes den Kopf des Trinkenden schmückte; wie Tafelgeschirr und Tafelbesteck und allerhand ande-

res Allotria war unter den neumodischen Lukullusjüngern am Ende auch dieser Kranz, Dionysos hin, Bacchus her, zum Gegenstand sprichwörtlich «persischen» Prunkens geworden.

Der Dichter spricht zu einem «Knaben», seinem «Diener», und erst allmählich wird die Szene deutlich: Wie der «Kranz», den man gewöhnlich erst zum Trankopfer und zum Weintrinken nach der eigentlichen Mahlzeit aufsetzte, auf die späte Dämmerungsstunde weist, so deutet die «Rose», in der Alten Welt noch ein kurzlebiger Frühlingsblüher, auf die sommerlich heisse Jahreszeit; die «Rose» und die «Myrte» zusammen rufen die Vorstellung einer ländlichen Umgebung wach, und erst in den letzten Worten des kleinen Gedichts sehen wir den Dichter selbst vor uns, wie er «unter dichtem Reblaub trinkend» im Garten seines Landguts den sommerlichen Abendfrieden geniesst.

Dem dienstfertigen Sklaven, der seinem Herrn wohl gern noch einmal einen Blütenkranz mit einer «späten Rose» präsentiert hätte, erwidert Horaz erst mit ironisch lächelnder Übersteigerung, dann mit ebenso freundlicher Begütigung: die «einfache Myrte», die in jedem Garten wächst, ist dem Dichter genug. Dem äusseren Frieden unter der schützenden, schattigen Reblaube tritt hier der innere Frieden eines Menschen gegenüber, der sich mit dem Genügenden «begnügt» und «vergnügt», der mit dem Gegebenen «zufrieden» ist.

Die bekannte Satire mag einem da in den Sinn kommen, in der Horaz einige Jahre früher sein tiefes Glücks- und Dankesgefühl über das ihm von Maecenas geschenkte Sabinergut ausdrückt und den alten Cervius am Ende die Fabel von Stadtmaus und Landmaus erzählen lässt. In dieser Satire lesen wir gleich zu Anfang, nach einer Absage an die ständig unbefriedigte, nie zu befriedigende Gewinn- und Genusssucht, diese schlichten, das

Dankgebet des Beschenkten an den Glücksgott Merkur einleitenden Worte, Vorbedingung sozusagen für den Genuss solchen Glücks, ja schon für die Bitte um seine Bewahrung: *«si, quod adest, gratum iuvat...»*, «wenn, was da ist, den Dankbaren erfreut...».

Theophrasts 31. Charakter:
«Die Philologie»

Den dreissig seit alters bekannten «Charakteren» des Theophrast, dem Schmeichler und dem Schwadroneur, dem Geizkragen und dem Geldschneider und wie die bald lächerlichen, bald widerwärtigen Typen dieses menschlichen Panoptikums alle heissen, hat gegen Ende des letzten Jahrhunderts der Leipziger Gräzist und Latinist Otto Immisch mit einem glücklichen Griff in die Papyruskiste des Ägyptischen Museums zu Plagwitz einen einunddreissigsten nicht minder skurrilen Charakter zugesellt: den Philologen. Der schlicht mit «31. Die Philologie» überschriebene griechische Text, dessen Erstausgabe Immisch im Jahre 1897 den in Dresden versammelten deutschen Philologen und Schulmännern zueignete, zeigt ganz unverkennbar den Stil der Theophrastischen «Charaktere». Das reizvolle, weithin unbekannt gebliebene Stück präsentiert den philologischen Charakter, wie von dem Autor nicht anders zu erwarten, in seiner ausgeprägten «klassischen» Form. Im übrigen bedarf diese Theophrastische «Klassische Philologie» des Kommentars sowenig wie die übrigen Charakterskizzen – sie spricht für und gegen sich selbst:

«Definieren lässt sich die Philologie kurzerhand als ein ins Übermass gesteigertes Verlangen nach Schriften und anderen Dingen aus der Antike, der Philologe als einer, der die Werke antiker Autoren, die Papyri, die Inschriften und dergleichen allein schon deshalb, weil sie aus der Antike stammen, über die Massen wertschätzt und geradezu für heilig hält – und der sich noch freut, wenn diese nicht vollständig erhalten, sondern von vielerlei Fehlern und Lücken entstellt auf uns gekommen sind; denn solche Schriften zu berichtigen und zu ergänzen, nennt er seine liebste und sinnvollste Tätigkeit. Wenn dann wirklich einmal irgendwo eine Schrift – ein ganzes Werk oder ein Fragment – aus der Antike gefunden wird, und ist sie auch nur auf Papier geschrieben, so fühlt er sich schon beglückt; ist sie auf Pergament, so führt er einen Freudentanz auf; ist sie auf Papyrus, so jauchzt er vor Begeisterung, ist sie auf Stein, so stimmt er ein Lob- und Danklied an; ist sie aber auf Bronze, so wirft er sich sogar vor ihr zu Boden und küsst sie.

Für die Leistungen der Künstler aus seiner eigenen Zeit hat er keinerlei Bewunderung übrig; statt dessen wiederholt er vor ihren Werken immer nur den Homerischen Vers „... wie heute die Sterblichen sind"; erblickt er aber eine antike Statue, eine von denen ohne Nase, voller Bruchstellen, ohne Arme und Beine, oder auch eine Tonscherbe von einer zerbrochenen antiken Vase mit dem daraufgemalten Hinterteil eines jungen Burschen, so macht er vor Freude einen Luftsprung und ruft immer wieder aus: „Das hier – wie vortrefflich das wieder ist!"

In den Bibliotheken ist er mehr zu Hause als in seiner eigenen Wohnung, und auch darin hat er das Schlafzimmer, das Wohnzimmer und das Gastzimmer mit seinen Büchern vollgestopft. Dem Mädchen gibt er die strenge Anweisung, ja niemals seinen Schreibtisch abzustauben oder gar aufzuräumen.

Wenn er unterwegs einem seiner zahlreichen Kinder auf der Strasse begegnet, so erkennt er es nicht, sondern fragt es freundlich mit den Homerischen Versen: „Liebes Kind, was weinst du? Wer, wes Vaters bist du, und wo ist dein trautes Zuhause?" Er ist auch gross darin, seine Kinder schon mit fünf Jahren Homerische Gesänge auswendig lernen zu lassen und seine Frau wenigstens das griechische Alphabet.

Die Gesetze der Griechen und der Römer in der Antike kennt er besser als die seines eigenen Landes.

Seine Überkleider trägt er nach der alten Mode, und die Hosen kürzer als die Beine.

Unentwegt hält er seinen Gesprächspartnern Vorlesungen über irgend etwas Antikes und wird ungehalten, wenn einer der Umstehenden ihm nicht gleich recht geben will. Mit seinen Fachkollegen liegt er fortwährend in heftigem Streit, wobei er unbeirrbar gegenüber dem vereinten Geschrei der anderen mit erhobener Stimme darauf beharrt, richtig sei einzig das, was er selbst behaupte. Dabei gebraucht er mit Vorliebe Wendungen wie „Das glaube ich nicht!" und „Das ist ja Unsinn!" und „Genau das Gegenteil davon habe ich doch kürzlich schlagend bewiesen!" und „Hast du denn noch nicht gelesen, was ich darüber gerade geschrieben habe?"

Ausser Landes reist er, wenn überhaupt, so am ehesten nach Athen oder nach Rom. Da schwärmt er dann begeistert von dem Himmel dort, dem Land, dem Meer, von den Männern dort, den Frauen, den Mädchen; und noch lange nach seiner Heimkehr betrachtet er entzückt die Bilder von alledem, die er immer mit sich herumträgt. Während er auf der Reise in Mengen wertlose oder gefälschte Münzen, Scherben, Steinchen, Fläschchen und anderes derartiges Zeug zusammenkauft, braucht er, ohne es zu merken, sein Reisegeld auf, und wenn er schliesslich wieder nach Hause zurückkommt, verspricht er seiner Frau *(Zusatz am Rande des Papyrus:* und seiner Schwiegermutter), sie das nächste Mal mitzunehmen.»

Stellennachweise

Mit Ausnahme der unter Seite 23, 97, 104, 125, 131 und 171 nachgewiesenen Zitate stammen alle Übersetzungen aus dem Griechischen und Lateinischen vom Verfasser.

11 *Sokrates im Supermarkt:* Diogenes Laërtios 2,25

11 *Konsumzwänge, Modezwänge:* Seneca, Briefe an Lucilius 123,6

12 *Platonisch essen:* Cicero, Tuskulanische Gespräche 5,97 – Philoxenos: Aristoteles, Eudemische Ethik 3,2. 1231 a15ff.; Nikomachische Ethik 3,13. 1118 a32f. – *gastrologia, -nomia:* Athenaios 1,4e; 2,56c; 3,104b; 7,278a – Jacob Burckhardt, Griechische Kulturgeschichte, Basel 1956/57, Band IV, S. 378 – Plutarch, Tischgespräche 6,686a f.; Athenaios 10,419c f. – Cicero, Tuskulanische Gespräche 5,91

15 *Ein klassischer Alternativer:* Diogenes Laërtios 6,20–79 – «alles in der Öffentlichkeit»: 69 – Weltbürger: 63 – Verbannung: 49 – Alexander: 32 – neue Tonne: 43 – «alles aussprechen können»: 69 – Die einzelnen Anekdoten: Bettelei: 49.59.56; «Hund»: 61.60.46; Schlemmer: 53; Lysias: 42; Eunuch: 39; «Menschen»: 60.41.32; reicher Mann: 47; Sklavenmarkt: 29; Philipp: 43; Alexander: 60.38; «viele lachen dich aus»: 54

19 *Eine andere Arroganz:* Diogenes Laërtios 6,32. 26 – Marc Aurel 12,27 (Den Hinweis auf diese Stelle verdanke ich meinem Freund Konrad Gaiser in Tübingen.)

20 *«Wetten, dass...?»* Plutarch, Lucullus 41,4ff. – «unnachahmliche Lebenskünstler»: Plutarch, Antonius 28,2 – Die Wette: Plinius d.Ä. 9,119ff.; Macrobius, Saturnalien 3,17,15ff.

23 *Alter Käse:* Homer, Ilias 11,628ff. (übersetzt von Wolfgang Schadewaldt) – Plinius d.Ä. 8,179; 11,240 – Historia Augusta, Antoninus Pius 12,4ff.

26 *Manche mögen's kalt:* Seneca, Naturwissenschaftliche Untersuchungen 4,13,3f. 9ff. – «wechselnder Marktpreis»: 4,13,8 – Martial 5,64; 6,86; 9,2,5f.; 9,90,5; – Saturnaliengeschenke: 2,85; 14,103f. 116 – Sueton, Nero 27,2 – Plinius d.Ä. 31,40 –

Goethe, Dichtung und Wahrheit, 1. Teil, 3. Buch (Hamburger Ausgabe Band IX, S. 86)

29 *Wein- und Wasserpanschereien:* Pompejanische Wandinschrift: Corpus Inscriptionum Latinarum IV 3948 – Martial 1,56; 9,98; 3,56f.

31 *Gold à discrétion:* Herodot 1,50f.; 6,125

34 *Ein Fünfzig-Talente-Missverständnis:* Plutarch, Caesar 1,8ff.

36 *Imaginäre Tauschmärkte:* Doppelzüngige Reden 2,18; vgl. 2,26 (= Diels-Kranz, Fragmente der Vorsokratiker, Band II, S. 409) – Herodot 3,38; 7,152,2

39 *Gold und Strick:* Anthologia Palatina 9,44f.

41 *Freundschaftlicher Kommunismus:* «Freundesgut Gemeingut»: Platon, Phaidros 279c; Aristoteles, Nikomachische Ethik 8,11. 1159 b31; 9,8. 1168 b7f.; Menander, Brüder, Frg. 10 Körte; Terenz, Brüder 803f.; weitere Nachweise bei A. Otto, Die Sprichwörter der Römer, Leipzig 1890, S. 20 – Platon, Staat 5.462a ff.; Gesetze 5.739b ff. – Aristoteles, Politik 2,2. 1261 a14ff. – Plutarch, Ehefibel 20

44 *Der «Philophilos»:* Aristoteles, Nikomachische Ethik 8,1. 1155 a3ff.

47 *Ein «zweites Ich»:* Aristoteles, Nikomachische Ethik 9,9. 1169 b3ff.; 9,12. 1171 b29ff.

50 *Wie viele Freunde?:* Aristoteles, Nikomachische Ethik 9,10. 1170 b20ff.

53 *Gegenwart der Freunde:* Aristoteles, Nikomachische Ethik 9,11. 1171 a21ff.

56 *Der erste Freund:* Euripides, Medea 86 – Menander, Einzelverse 814 Jäkel – Seneca, Briefe an Lucilius 6,7; 25,5f.; 11,9; 28,10; 58,32 – Plinius d.J., Briefe 1,3,5 – Martial 10,47,12f.

58 *Am Tisch mit Sklaven und Zöllnern:* Seneca, Briefe an Lucilius 47,1ff. (gekürzt)

62 *Trauer um Sklaven?:* Cato, De agricultura 2,7 – Plinius d.J., Briefe 8,16

64 *Ein Staat nach Mass:* Aristoteles, Politik 7,4. 1326 a25ff. – Ein «Stadion»: gegen 200 Meter

67 *Lob des Mittelstandes:* Aristoteles, Politik 4,11. 1295 b1ff.

70 *Für eine Politik der Mitte:* Aristoteles, Politik 5,9. 1309 b14ff.

73 *Ein Mädchen im Auge:* Platon, Alkibiades I 132e f. – Empedokles, Frg. B 84 Diels-Kranz – Platon, Alkibiades I 133a f.

75 *«O wär ich der Himmel...»:* Diogenes Laërtios 3,29 – Anthologia Palatina 7,669f. (= Platon, Epigramme 4f. Diehl)

78 *Liebesglut unter der Asche:* Corpus Inscriptionum Latinarum IV 4091. 6842. 1928. 1520. 4971. 1824. 3691

80 *«Weissarmige» Schönheit:* «Weissarmig» bei Homer: Ilias 1,55 (Hera), 3,121 (Helena), 6,371 (Andromache), Odyssee 6,101 (Nausikaa), 7,233 (Arete), 18,195f. (Penelope); bei Hesiod: Theogonie 913 (Persephone) – Terenz, Brüder 848f. – Ovid, Gesichtspflegemittel 11ff. – Plautus, Mostellaria 258ff. – Tertullian, Putzsucht der Frauen 2,7,3

83 *Geschichte einer Enkelin:* Sueton, Caligula 25,2; Tacitus, Annalen 12,1ff.; 12,22 – Plinius d.Ä. 9,117f.

86 *Kunst, die sich verbirgt:* Ovid, Liebeskunst 3,153ff. – Ovid, Metamorphosen 10,250ff. – Plinius d.Ä. 35,64f. – Quintilian 11,2,47

89 *Make-up, Maske, Maskerade:* Martial 3,43; 6,57; 5,43; 6,74; 12,23

90 *«... wo mich der Schuh drückt»:* Triumph des Paullus, Tod seiner Söhne: Livius 45,40,6ff.; 45,41,8ff. – Plutarch, Aemilius 5,2f. – Plutarch, Ehefibel 22 – Terenz, Brüder 866ff.

93 *Ein Collier von Söhnen:* Plutarch, Phokion 19,4 – Plutarch, Aussprüche von Spartanerinnen 9 – Valerius Maximus 4,4, Einleitung

95 *Eine römische Muttertags-Story: pietas* des Aeneas: Vergil, Aeneis 1,544f. und öfter – Plinius d.Ä. 7,121

97 *Storchenliebe:* Aristophanes, Vögel 1353ff. (übersetzt von Wolfgang Schadewaldt) – Platon, Alkibiades I 135e – *antipelargéo,* (den Eltern die Aufzucht) «entstorchen»: Iamblichos, Leben der Pythagoreer 5,24 – Petron 55,6,5f. – Babrius, Fabeln 13 Crusius – Alexander von Myndos bei Aelian, Eigenheiten der Tiere 3,23

100 *Frauen-Demo vor dem Senat:* Gellius 1,23,4ff.

103 *Pflugscharen statt Schwerter:* Augustus, Tatenbericht 12 – Vergil, Aeneis 1,291ff. (übersetzt von Emil Staiger) – Ovid, Festkalender 1,697ff.

106 *Interview mit Janus:* Ovid, Festkalender 1,183ff. – Ovid, Liebeskunst 3,121f.

110 *«Mühsal eroberte alles . . .»:* Martial 10,47,3 – Aristoteles, Nikomachische Ethik 10,7. 1177 b4f. – Goldene Zeit: Hesiod, Tagwerke 109ff.; Ovid, Metamorphosen 1,89ff. – Vergil, Georgica 1,121ff. – Macrobius, Saturnalien 5,16,7 – *«Omnia vincit amor»:* Vergil, Hirtengedichte 10,69

114 *Wie der Schlaf erschaffen wurde:* Fronto, S. 227ff. Naber

117 *Mit Stentors Stimme:* Plutarch, Demosthenes 7,6; 11,1; Lebensbeschreibungen der zehn Redner 844f – Homer, Ilias 5,784ff. (Hera, mit Stentor verglichen); 859ff. (Ares) – «Stentorstimme»: Aristoteles, Politik 7,4. 1326 b6f. (s. oben S. 65) – Juvenal 6,434ff.

120 *Wen wir lieben:* Jacob Burckhardt, Griechische Kulturgeschichte, Basel 1956/57, Band III, S. 319f. – Aristoteles, Rhetorik 2,4. 1380 b35ff.

125 *Ghostwriter und Psychotherapeut:* Thukydides 8,68,1f. (übersetzt von Georg Peter Landmann) – Plutarch, Lebensbeschreibungen der zehn Redner 832c (Ghostwriter); 832e (Lehrer des Thukydides); 833cf. (Psychotherapeut) – Jacob Burckhardt, Griechische Kulturgeschichte, Basel 1956/57, Band III, S. 304

128 *Eine Kunst des Vergessens:* Cicero, Grenzen des Guten und Schlechten 2,104

129 *Sibyllinische Verkaufspsychologie:* Aristoteles, Nikomachische Ethik 10,8. 1178 b11f. – Gellius 1,19

131 *«Ich kann aufhören, wenn ihr wollt»:* Horaz, Dichtkunst 453ff.; 472 ff. (übersetzt von Rudolf Alexander Schröder) – Seneca, Briefe an Lucilius 95,2 – Martial 3,45 – Plinius d.J., Briefe 3,18,4 – Juvenal 3,6ff.

134 *Begegnungen höherer Art:* Plinius d.J., Briefe 9,23; 9,14

138 *Schule ohne «scholé»?:* Diokles von Karystos, Fitnessfibel, bei

Oreibasios, in: Corpus Medicorum Graecorum, Band VI, Teil IV, S. 141ff. – *scholé* bei Aristoteles: Politik 7,14f.; 8,3; Frage nach dem Nutzen: 8,3. 1338 b2ff. – Platon, Protagoras 314d

141 *Aus der Schule geplaudert:* Diogenes Laërtios 6,39f. – Stobaios 4, S. 205 – Proklos, Kommentar zum 1. Buch der Euklidischen «Elemente», Vorrede 2, S. 68 Friedlein; vgl. Stobaios 2,31,115 – Diogenes Laërtios 4,16 – Plinius d.Ä. 7,128 – Plinius d.J., Briefe 4,11,1f.

143 *«Non vitae, sed scholae discimus»:* Thales: Platon, Theaitetos 174a – Diogenes: Diogenes Laërtios 6,39 – Seneca, Briefe an Lucilius 88,36f.; 48,6f.; 106,11f.

146 *Unter der Kathedersonne:* Seneca, Briefe an Lucilius 108,3ff.

148 *Klassische Erlebnisferien:* Pseudo-Aischines, Briefe 10

152 *Zahlen wie Sand am Meer:* Archimedes, Sandrechner – Palladas, Anthologia Palatina 11,349

155 *Ein Brunnenproblem mit Tradition:* Anthologia Palatina 14,132 (Polyphem), 135 (Eroten), 133 (Flussgötter und Weingott)

158 *«Walkman» auf dem Mond:* Mitten im Trubel allein: Cicero, Staat 1,28 – Cyrano de Bergerac, Die Reise zu den Mondstaaten, übersetzt von Martha Schimper, München 1962, S. 89f. – Scipio Africanus bei Cicero, Staat 1,27

160 *Kleine Mond-Mythologie:* Liebschaften des Zeus: Pauly's Realencyclopädie der classischen Altertumswissenschaft, Supplementband XV, 1978, Sp. 1225ff. – Namen der Nereïden: Homer, Ilias 18,38ff.; Hesiod, Theogonie 243ff.

164 *SDI auf griechisch:* Herodot 7,226 – Cicero, Tuskulanische Gespräche 1,101 – Plutarch, Aussprüche von Spartanern 6

167 *«Nomen est omen»:* Plautus, Perser 625 – Verpachtung des Lucrinersees, Aushebung der Rekruten: Cicero, Weissagung 1,102; Paulus Diaconus, S. 108,24 Lindsay – Caesar in Afrika: Plutarch, Caesar 52,4f.; Sueton, Caesar 59 – Augustus bei Actium: Sueton, Augustus 96,2 – Diokletian: Historia Augusta, Carus, Carinus, Numerianus 14f.

170 *«Gesundheit!»:* Petron 98,4f. – Aristoteles, Probleme 33. 961ff. – Homer, Odyssee 17,539ff. (übersetzt von Wolfgang Schadewaldt) – *«Zeu, soson»:* Anthologia Palatina 11,268 –

Plinius d.Ä. 28,23 – Platon, Symposion 189a – *The Adams-Jefferson-Letters*, ed. L. J. Cappon, Chapel Hill 1959, S. 437

173 *«Nulla dies sine linea»:* Plinius d.Ä. 35,81ff.

176 *«Si tacuisses...»:* Boëthius, Trost der Philosophie 2,7,67ff.

179 *Ärzte und Chefärzte: iatros* zuerst bei Homer, Ilias 11,514. 833; 13,213; 16,28 – *archiatrós* zuerst in einer Delischen Inschrift des 2./1. Jahrhunderts v. Chr., Orientis Graeci Inscriptiones Selectae, ed. W. Dittenberger, Leipzig 1903-05, Nr. 256, Zeile 5

182 *Vor einer Ampel zu bedenken: ampulla* als Parfumflacon: Cicero, Grenzen des Guten und Schlechten 4,30

185 *Das «E» in «EDV»: élektron* oder *élektros* zuerst bei Homer, Odyssee 4,73; 15,460; 18,296 – *Eléktor* als Beiname des Helios: Homer, Ilias 6,513; 19,398

188 *Raketen aus der Spinnstube:* Homer, Ilias 6,492 – Aristophanes, Lysistrate 520. 538 – Ovid, Festkalender 1,697f. (vgl. oben S. 104)

191 *Schwänze, Pinsel, Schimmelpilze:* Cicero, Briefe an Freunde 9,22,2 – Cicero, Briefe an Quintus 2,14,2 – Plinius d.Ä. 35,60f.

194 *«Alt werde ich...»:* Diogenes Laërtios 1,60f. (= Mimnermos, Frg. 6 Diehl; Solon Frg. 22,1-4 Diehl) – «Nicht unbeweint»: Solon, Frg. 22,5f. Diehl – «Alt werde ich...»: Solon, Frg. 22,7 Diehl – Stobaios 3,29,58

197 *«Unter dichtem Reblaub trinkend»:* Horaz, Oden 1,38 – Horaz, Satiren 2,6,13

200 *Theophrasts 31. Charakter: «Die Philologie»:* Der griechische Text erschien als Beilage zu: Theophrasts Charaktere, herausgegeben, erklärt und übersetzt von der Philologischen Gesellschaft zu Leipzig, Leipzig 1897. Festgabe an die 44. Versammlung deutscher Philologen und Schulmänner zu Dresden 1897. Die deutsche Übersetzung zuerst in: Klassische Parodien, zusammengestellt von Klaus Bartels, Zürich 1968, S. 26ff.